한 미 란 의 니 트 교 실

TOP-DOWN
KNITTING

거꾸로 뜨는 톱다운 니팅

한미란의 니트 교실

TOP-DOWN KNITTING

거꾸로 뜨는 톱다운 니팅

KNIT DESIGNER · 한미란

Green Home

Prologue

뜨개 수업을 시작한 지도 어느새 많은 세월이 흘렀습니다.
수업을 할 때마다 미처 다 전달하지 못해서,
전달했지만 활용하지 못하고 사라지는 내용이 너무 많아서 무척이나 아쉬움이 컸습니다.
더군다나 「톱다운 심리스(Top-Down Seamless)」는
국내에 자료가 많지 않아 그 마음이 더 절실했습니다.
톱다운 니팅의 어머니라 불리우는 바바라 지 워커 여사(Barbara G. Walker)는
그녀의 저서 『Knitting from the Top』에서 「톱다운 니팅은 뜨는 방법이 어려운 것이
아니라 뜨는 방법을 설명하는 것이 더 어렵다」는 말을 했습니다.
이 책을 준비하면서 그 말에 100% 공감했습니다.
부족한 부분이 많지만 영상 데이터에 조금 기대어 이 책을 조심스럽게 선보입니다.
소중한 사람을 위한 마음으로 작품을 구상하고, 그 작품이 하나하나 완성되어 가는
과정을 경험해보는 것은 뜨개의 진정한 매력입니다.
뜨개의 매력을 찾아가는 여정에 이 책이 편안한 친구가 되기를 조심스럽게 기대해봅니다.
여러분 모두 행복한 뜨개하시고, 그 따뜻한 마음 서로 나누길 바랍니다.
오늘도 즐거운 뜨개하세요.

Knit Designer

한 미 란

이 책의 구성과 특징

대부분의 뜨개옷은 톱다운 심리스(Top-Down Seamless)로 뜰 수 있다. 그 중에서 이 책은 톱다운 심리스로 가장 많이 뜨는 래글런(Raglan), 요크(Yoke), 세트인 슬리브(Set-in Sleeve) 등 3가지 스타일로 구성하였다.

SAMPLE 1, 2 래글런 스타일
SAMPLE 3, 4 요크 스타일
SAMPLE 5, 6 세트인 슬리브 스타일

래글런과 요크 스타일은 기본적인 구조가 같다. 단지, 코를 어느 위치에서 어떤 방법으로 늘리느냐에 따라 래글런과 요크 스타일로 나뉜다.

래글런 스타일은 앞뒤 래글런선 위치에서만 코늘림을 한다. 시접은 없지만 소매와 몸판 사이에 사선 형태의 경계선이 보인다.

요크 스타일은 한꺼번에 많은 코들을 3회 또는 4회로 분산시켜 코늘림을 한다. 몸판과 소매의 구분이 없고 자연스러운 곡선 느낌의 어깨선이 특징이다.

세트인 슬리브 스타일은 기존에 많이 뜨던 스타일로 어깨선 끝부분에 몸판과 소매의 경계선이 있는 스타일이다. 톱다운 세트인 슬리브 스타일은 몸판은 보텀업으로 떠서 연결한 후 소매만 내려뜨는 보디 퍼스트 세트인 슬리브(Body First Set-in Sleeve) 방식과 소매와 몸판을 동시에 뜨는 사이멀테니어스(Simultaneous) 방식으로 나누어진다.

각 스타일마다 2개의 샘플 작품으로 구성되었다. 작품 순서는 난이도순이다. 그러므로 앞에서부터 차례로 떠보기를 추천한다. 차례대로 6개의 작품을 완성하고 나면 전반적인 톱다운 심리스의 구조와 뜨는 방법을 자연스럽게 익히게 될 것이다. 그 이후에는 각자가 하고 싶은 디자인으로 다양하게 활용하여 작품 활동에 도움이 되길 바란다.

톱다운 기법은 서양에서 유래되었으며, 서양의 뜨개는 구전으로 발전되었기 때문에 서술형 도안이 대부분이다. 이러한 서술형 도안은 작품의 완성단계가 되어야 전체적인 구조를 알 수 있다. 그래서 치수가 다르거나 게이지가 다르면 도안을 활용하기가 어렵다.

이 책에 실린 작품의 도안에는 여러 가지 치수를 제시하지 않았다. 마음에 드는 디자인이 있다면 각자의 게이지와 치수로 바꾸어 뜰 수 있어야 자유로운 작품 활동을 할 수 있기에, 각 작품의 단계별 계산과정을 표시하고, 뜨는 사람의 치수로 바꾸어 계산할 수 있는 페이지를 준비하였다. 만약 각자의 치수로 변환하는 것이 아직 서툴고 두렵다면 먼저 책에 소개된 치수대로 떠보는 것도 좋다. 단, 왜 이런 치수가 필요한지, 어떤 과정을 통해서 이런 콧수와 단수가 나왔는지 계산과정을 꼭 읽어봐야 한다. 하나의 작품을 완성하는 것도 중요하지만, 전반적인 구조를 이해하고 나만의 것으로 활용할 수 있는 것이 더 중요하다.

SAMPLE 1~4의 계산과정은 단계별로 설명하였기 때문에, 편물계산법이 익숙하지 않아도 문제되지 않는다. SAMPLE 5, 6은 기존의 보텀업(↑)으로 뜨는 도안을 거꾸로 톱다운(↓)으로 뜨기 때문에 계산과정을 따로 설명하지 않았다. 편물계산법이 익숙하지 않은 사람은 『한미란의 니트 교실 대바늘뜨기』 p.108~117를 참고하기 바란다.

톱다운 심리스는 평면으로 뜨는 것이 아니라 입체로 떠야 하기 때문에 평면 도식으로 표현하는데 한계가 있다. 또 여러 부분을 동시에 떠야 하는 부분도 있어 글로 설명하기에는 어려움이 있다. 그림, 사진, 글을 함께 설명했음에도 불구하고 책만으로는 부족한 부분이 있어 각 단계별 동영상을 YouTube에 올려놓았다. 각각의 QR코드로 연결되는 동영상을 보면 많은 도움이 될 것이다. QR코드는 핸드폰이나 태블릿PC에 QR코드 리더기를 다운 받아 스캔하면 볼 수 있다.

한글로 설명한 톱다운 심리스 도안이 아직 많지 않아서, 다양한 작품을 뜨려면 서술형 외국 도안을 만나게 된다. 그렇기 때문에 톱다운 심리스에 사용되는 용어를 억지로 한국어 표현으로 바꾸지 않고 한국어와 영어를 병기하였다. 언젠가 한국 작가의 작품들이 풍성해지는 날이 오기를 기대해본다.

이제 SAMPLE 1부터 차례대로 떠보자.

한미란의 니트 교실 **거꾸로 뜨는 TOP-DOWN 톱다운 니팅**

Prologue • 5   이 책의 구성과 특징 • 6   샘플 작품을 뜨기 전에 • 10

SAMPLE 1

RAGLAN STYLE
래 글 런   스 타 일

반소매 스웨터

STEP 1   치수 정하기 ………… 17
STEP 2   게이지 계산하기 ……… 18
STEP 3   최대콧수 정하기 ……… 20
STEP 4   늘릴 콧수 정하기 ……… 22
STEP 5   늘릴 횟수 정하기 ……… 23
STEP 6   소매와 앞뒤 몸판의 시작콧수
         배분하기 ……………… 25
STEP 7   래글런선 코늘림 하기 … 28
STEP 8   몸판과 소매 분리하기 … 34
STEP 9   몸판 뜨기 …………… 35
STEP 10 아이코드 밑단 뜨기 …… 36
STEP 11 소매 뜨기 …………… 38
STEP 12 아이코드 목선 마무리단 뜨기
         ……………………… 41

SAMPLE 2

RAGLAN STYLE
래 글 런   스 타 일

V넥 스웨터

STEP 1   치수 정하기 ………… 47
STEP 2   게이지 계산하기 ……… 48
STEP 3   최대콧수 구하기 ……… 50
STEP 4   늘릴 콧수 정하기 ……… 52
STEP 5   늘릴 횟수 정하기 ……… 53
STEP 6   소매와 앞뒤 몸판의 시작콧수
         배분하기 ……………… 55
STEP 7   V네크라인 시작콧수 정하기
         ……………………… 57
STEP 8   V네크라인 만들기 …… 59
STEP 9   래글런선 코늘림 하기 … 64
STEP 10 몸판과 소매 분리하기 … 66
STEP 11 몸판 뜨기 …………… 68
STEP 12 소매 뜨기 …………… 70
STEP 13 목선 마무리단 뜨기 …… 74

SAMPLE 3

YOKE STYLE
요 크   스 타 일

가로패턴무늬 스웨터

STEP 1   치수 정하기 ………… 79
STEP 2   게이지 계산하기 ……… 80
STEP 3   최대콧수 정하기 ……… 82
STEP 4   목밴드와 뒷목세움 분량 뜨기
         ……………………… 84
STEP 5   요크의 코늘림 ………… 88
STEP 6   몸판과 소매 분리하기 … 100
STEP 7   몸판 뜨기 …………… 102
STEP 8   소매 뜨기 …………… 105

톱다운 니팅에 꼭 필요한 줄바늘 • 200　　샘플 작업에 사용한 실과 부자재 • 202

SAMPLE 4

YOKE STYLE
요 크 스 타 일

세로배색무늬 스웨터

STEP 1　치수 정하기 …………… 113
STEP 2　게이지 계산하기 ………… 114
STEP 3　최대콧수 정하기 ………… 116
STEP 4　목밴드 뜨기 …………… 118
STEP 5　1번째 코늘림 …………… 119
STEP 6　최대콧수와 세로무늬 계산하기
　　　　………………………… 120
STEP 7　뒷목 세움 분량 만들기 … 124
STEP 8　배색무늬 뜨기 …………… 126
STEP 9　몸판과 소매 분리하기 … 128
STEP 10　몸판 뜨기 ……………… 130
STEP 11　소매 뜨기 ……………… 132

SAMPLE 5

SET-IN SLEEVE
세 트 인 슬 리 브

보디 퍼스트 세트인 슬리브 라운드 자켓

STEP 1　치수 정하기 …………… 139
STEP 2　뒤판 뜨기 ……………… 143
STEP 3　입어서 오른쪽 앞판 뜨기 144
STEP 4　입어서 왼쪽 앞판 뜨기 … 144
STEP 5　몸판 잇기 ……………… 145
STEP 6　마무리단 뜨기 …………… 146
STEP 7　소매 내려뜨기 …………… 150
STEP 8　장식주머니 달기 ………… 160
STEP 9　걸고리 달기 ……………… 162

SAMPLE 6

SET-IN SLEEVE
세 트 인 슬 리 브

몸판과 소매를 동시에 뜨는 페플럼 자켓

STEP 0　톱다운 세트인 슬리브의 이해
　　　　………………………… 167
STEP 1　치수 정하기 …………… 168
STEP 2　앞뒤판 어깨경사 뜨기 … 174
STEP 3　진동 위쪽 몸판과 소매 뜨기
　　　　………………………… 180
STEP 4　앞목선과 소매 코늘림 … 182
STEP 5　몸판 진동곡선 늘림 …… 184
STEP 6　소매 분리하기 …………… 185
STEP 7　진동선에서 허리선까지 뜨기
　　　　………………………… 186
STEP 8　허리선에서 밑단까지 뜨기
　　　　………………………… 189
STEP 9　아이코드 마무리단 뜨기 190
STEP 10　칼라 …………………… 192
STEP 11　소매산아래 뜨기 ……… 196
STEP 12　핀턱라인 만들기 ……… 198

샘플 작품을 뜨기 전에

톱다운 심리스(Top-Down Seamless)란?
톱다운 심리스는 앞판과 뒤판, 소매가 연결된 상태로 목선에서부터 밑단을 향해 내려뜨는 뜨개방식이다. 그동안은 밑단에서 시작하여 목선을 향해 떠 올라가고, 앞판·뒤판·소매를 따로 떠서 연결하는 방식을 주로 사용했다. 톱다운 심리스는 여러 가지 장점을 지니고, 기본 구조만 이해하면 쉽게 완성도 있는 뜨개작품을 뜰 수 있는 재미있는 기법이다. 서양에서 시작되어 최근에는 국내에도 톱다운 심리스 작품들이 많이 소개되고 있어 뜨개인들의 관심을 받고 있다.

톱다운 심리스의 특징
톱다운 심리스의 가장 큰 특징은 옷을 뜨는 과정에서 입어보고 몸에 잘 맞는지, 원하는 디자인이 잘 나오고 있는지를 직접 확인하여 빠르게 수정할 수 있다는 것이다. 특히 전체적인 사이즈를 결정짓는 목둘레, 어깨, 진동을 먼저 뜨기 때문에 몸에 잘 맞는 작품을 뜨기가 훨씬 수월하다. 뜨개옷은 실의 특성, 작품의 크기, 조직의 느슨함 등에 따라 평면에 놓은 상태에서 계산한 사이즈와 실제로 입었을 때의 사이즈가 맞지 않는 경우가 많다. 그러나 톱다운 방식으로 뜨면 그런 걱정은 하지 않아도 된다. 이정도면 맞겠지 하는 추측이 아니라 직접 입어보고 눈으로 확인해서 가장 마음에 드는 사이즈를 결정할 수 있다. 유행에 따라 디자인을 변경하기도 쉽고, 하루가 다르게 커가는 아이옷은 성장에 맞춰 소매길이와 옷길이를 조정할 수 있어 매우 실용적이고 경제적이다. 시접이 없는 환편 형태(whole garment, 홀가먼트)로 뜨기 때문에 옆선을 잇거나 꿰매는 등의 번거로운 작업도 하지 않는다. 시접이 없어서 부드럽고 편안한 뜨개옷의 특성을 100% 만끽할 수 있다. 어깨-소매-몸판으로 이어지는 아름다운 무늬의 배열은 부위별로 떠서 잇는 뜨개기법에서는 표현할 수 없는 톱다운 심리스만의 매력이다.

톱다운 심리스의 두 거장
톱다운 심리스의 역사는 바바라 지 워커(Barbara G. Walker, 1930.7.2.~)와 엘리자베스 짐머만(Elizabeth Zimmermann, 1910.8.9.~1999.11.30.)에서 시작된다.

바바라 지 워커는 톱다운의 체계를 확립한 사람으로 「톱다운의 어머니」라고 부른다. 그녀의 저서 『Knitting from the Top』에는 톱다운의 구조와 기법을 이용한 다양한 아이템의 활용 등 보석 같은 자료들이 담겨져 있다. 모두가 밑단에서부터 뜨는 것이 당연하다고 생각하던 때에 획기적인 방법을 고안하여 뜨개의 새로운 세계를 열었다. 직접 만든 무늬도안서인 『A

Treasury of Knitting Patterns』시리즈를 비롯하여 많은 뜨개 관련 도서를 집필하였다.

엘리자베스 짐머만은 가터뜨기로 뜨는 서프라이즈 자켓(Surprise Jacket)으로 국내에 많이 알려져 있다. 지금은 너무나도 당연하게 사용하는 줄 달린 바늘을 고안하고, 그것을 이용해 많은 시리즈 작품과 뜨는 방법 등을 소개하였다. 환편뜨기로 줄의 형태를 만드는 아이코드(I-cord) 뜨개법도 고안해냈다. 그녀의 저서『Knitting Workshop』에도 보석 같은 자료들이 많이 담겨 있다. 특히 EPS(Elizabeth's Percentage System)은 톱다운 시리즈의 구조를 이해하는데 꼭 기억해야 하는 중요한 개념이다.

EPS(Elizabeth's Percentage System)

엘리자베스 짐머만이 고안한 EPS는 가슴둘레를 기준으로 다른 부분의 사이즈를 결정하는 방법이다. 가슴둘레에 여유분을 더한 치수가 가장 중요한 기준이 된다. 그래서 이 치수의 숫자를 키넘버(Key Number)라고 한다.

> **Key Number [K] = 가슴둘레 + 여유분**

여유분은 개개인에 따라 다르기 때문에 가슴둘레가 같아도 키넘버는 다를 수 있다. 여유분을 얼마로 해야 할지 모를 경우에는 즐겨 입는 옷의 앞품을 줄자로 재서, 앞품 너비의 2배가 키넘버가 된다. 좋아하는 여유분이 어느 정도인지 잘 기억해 두었다가 다른 작품을 할 때 참고하면 좋다. 단, EPS는 모든 디자인과 모든 체형에 적용되는 절대적인 공식이 아니고 각자에게 잘 맞는 치수를 찾는데 필요한 가이드라인 정도로 생각하면 좋다. 여러 작품을 해보면서 각자의 체형과 기호에 맞는 치수를 찾으면 된다.

각 부분의 사이즈를 예를 들어 설명해보겠다.

[예] 가슴둘레 92㎝, 여유분 8㎝

> **Key Number [K] = 92㎝ + 8㎝ = 100㎝**

목둘레

톱다운 심리스는 목둘레부터 시작하므로 먼저 계산한다.

> 목둘레 = [K]의 40% → 100cm × 0.4 = 40cm

목둘레는 40cm이다. 그러나 이 계산은 서양인의 체형에 맞춰진 것이라 상대적으로 두상이 큰 동양인에게는 목둘레가 좀 작다. 그래서 주로 45%로 계산한다. 몸에 비해서 두상이 큰 어린 아이의 경우에는 50%로 계산한다.

소매둘레

> 소매둘레 = [K]의 35~40% → 100cm × 0.35 = 35cm

요즘은 소매를 슬림하게 뜨는 경향이라 주로 35%로 계산한다. 팔에 근육이 많은 남자는 40%로 계산한다.

소매부리

> 소매부리 = [K]의 20~25% → 100cm × 0.25 = 25cm

카디건을 뜰 때 앞판의 밑단 고무단을 손목에 둘러보고 소매 시작코를 결정하기도 한다. 이 길이가 바로 [K]의 20~25%이다.

겨드랑이

> 겨드랑이 = [K]의 8% → 100cm × 0.08 = 8cm

진동길이

> 진동길이 = [K]의 25% → 100cm × 0.25 = 25cm

요즘은 소매를 슬림하게 뜨는 경향이라 진동길이도 주로 22%로 계산한다.

EPS

최근 경향에 따른 EPS의 변화

SAMPLE
1

RAGLAN STYLE
래글런 스타일

반소매 스웨터

「래글런」이란 겨드랑이부터 목선까지 이어지는 대각선 소매 솔기를 갖는 스타일로 목선 일부와 소매가 연결되어 있다. 이 스타일은 부드럽고 캐주얼한 느낌을 주고, 좁거나 낮은 어깨를 시각적으로 보완해준다. 톱다운(Top-Down) 니팅을 할 때 가장 먼저 시도해보고, 가장 많이 뜨는 것이 바로「래글런 스타일」이다.

다음에 보여주는 SAMPLE 1은 가벼운 레이스 무늬를 몸판 중심에 넣은「래글런 반소매 스웨터」로, 래글런 스웨터를 처음 떠보거나 무늬뜨기가 익숙하지 않은 사람은 무늬없이 뜨기를 추천한다. SAMPLE 1에 사용한 무늬는 p.42~43를 참고한다.

STEP 1 치수 정하기

래글런 스타일의 치수를 구하는데 기준이 되는 것이 가슴둘레이다. 여유분은 각자의 취향에 따라 달라질 수 있다. 아래 표의 계산을 참고하여 자신의 치수를 구한다.

SAMPLE RULE 가슴둘레 86 cm, 여유분 8 cm

Key Number [K] = 가슴둘레 86 cm + 여유분 8 cm = 94 cm

- 목 둘 레 = [K]의 45% [*1] ········· 94cm × 0.45 = 42.3cm → 42cm
- 소매둘레 = [K]의 35~40% [*2] ···· 94cm × 0.35 = 32.9cm → 33cm
- 겨드랑이 = [K]의 8% ············· 94cm × 0.08 = 7.52cm → 7.5cm
- 진동길이 = [K]의 22~25% [*2] ···· 94cm × 0.22 = 20.68cm → 21cm

[*1] EPS는 머리가 작은 서양인 기준이므로, 동양인은 45%로 계산한다(p.11~12 참고).
[*2] 슬림한 소매와 잘 맞는 진동을 좋아하면 소매둘레는 35%, 진동길이는 22%로 계산한다.
　　여유있는 사이즈를 원하면 이보다 크게 계산한다.
　　한번 떠본 후에 어떤 치수가 자신에게 잘 맞는지 기억해두면 편리하다.

FOR MYSELF 가슴둘레 ☐ cm, 여유분 ☐ cm

Key Number [K] = 가슴둘레 ☐ cm + 여유분 ☐ cm = ☐ cm

- 목 둘 레 = [K]의 45% ············ ☐ cm × 0.45 = ☐ cm
- 소매둘레 = [K]의 35~40% ······· ☐ cm × 0.35 = ☐ cm
- 겨드랑이 = [K]의 8% ············· ☐ cm × 0.08 = ☐ cm
- 진동길이 = [K]의 22~25% ······· ☐ cm × 0.22 = ☐ cm

STEP 2 게이지 계산하기

각 부위의 치수를 모두 구했으니 이번에는 게이지를 대입하여 필요한 콧수와 단수를 계산해 보자. SAMPLE 1에 사용한 실은 「프랑스 필다르(PHILDAR)」사의 「필코튼 3(PHIL COTON 3)」이다. 3.5㎜ 대바늘로 메리야스뜨기를 떴을 때 10㎠에 콧수 24코, 단수 34단이 들어간다. 10㎝에 24코가 들어간다는 것은 1㎝에 2.4코가 들어간다는 의미다. 가로에는 콧수를, 세로에는 단수를 곱하면 필요한 콧수와 단수를 구할 수 있다. 아래 표의 계산을 참고하여 자신의 게이지와 치수를 대입해서 필요한 콧수와 단수를 구한다.

SAMPLE RULE 게이지 3.5 ㎜, 24 코 34 단

Key Number [K] 94 ㎝ × 2.4 코 = 225.6 코 → 226 코

- 목둘레 시작콧수 ····· 42㎝ × 2.4코 = 100.8코 → 100코
- 소매둘레 ············· 33㎝ × 2.4코 = 79.2코 → 79코
- 겨드랑이 ············· 7.5㎝ × 2.4코 = 18코
- 진동길이 ············· 21㎝ × 3.4단 = 71.4단 → 71단

FOR MYSELF 게이지 ☐ ㎜, ☐ 코 ☐ 단

Key Number [K] ☐ ㎝ × ☐ 코 = ☐ 코

- 목둘레 시작콧수 ····· ☐㎝ × ☐코 = ☐코
- 소매둘레 ············· ☐㎝ × ☐코 = ☐코
- 겨드랑이 ············· ☐㎝ × ☐코 = ☐코
- 진동길이 ············· ☐㎝ × ☐단 = ☐단

계산한 치수와 콧수를 그림에 옮기면 다음과 같다.

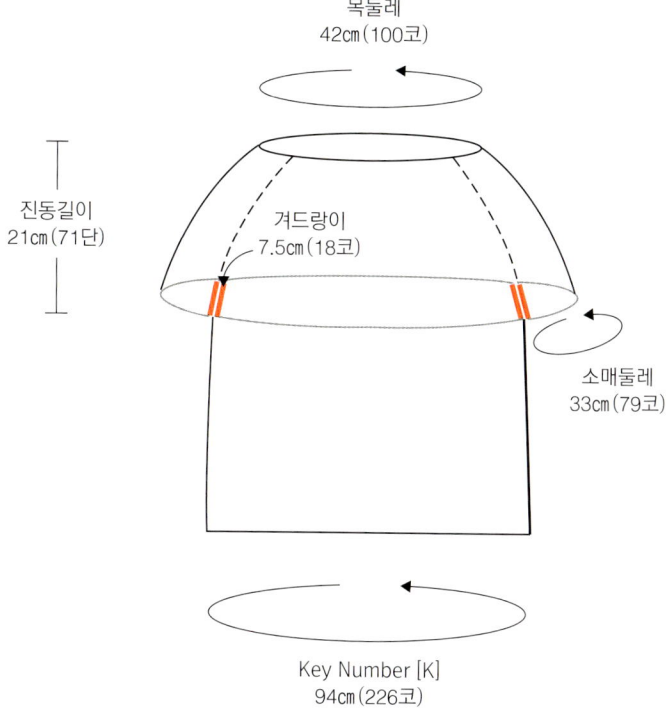

FOR MYSELF --

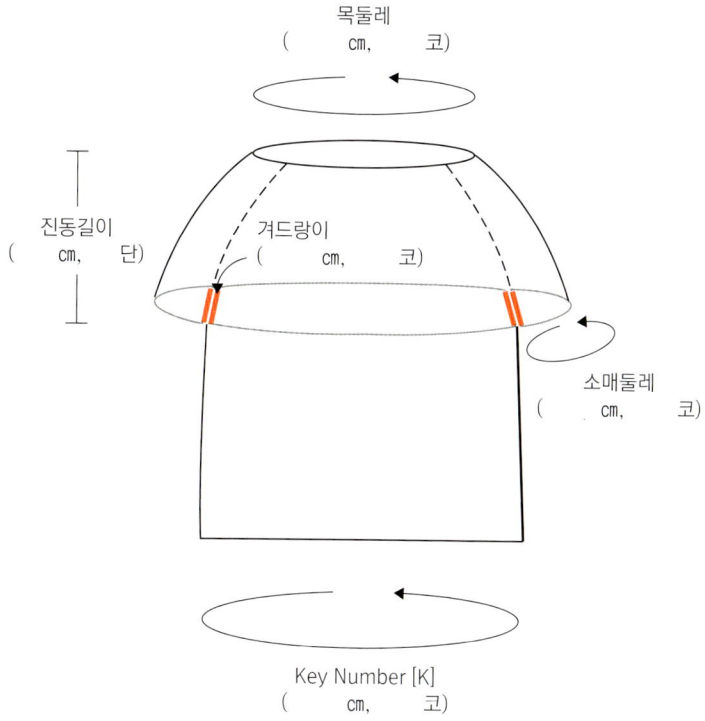

STEP 3 — 최대콧수 정하기

꼭 기억해야 할 POINT

목선에서 시작해서 코늘림을 하여 진동길이 만큼 떴을 때, 몸판과 소매를 분리하기 전의 콧수를 「최대콧수」라고 한다. 몸판과 소매를 분리하면서 겨드랑이를 좌우 몸판과 소매에서 만들어준다. 그러므로 몸통콧수(Key Number)에 앞뒤 2장의 소매둘레콧수를 더한 후, 4배의 겨드랑이콧수(양쪽 몸통 겨드랑이, 양쪽 소매 겨드랑이)를 빼주어야 최대콧수가 된다.

최대콧수 = Key Number [K] + (2 × 소매둘레콧수) − (4 × 겨드랑이콧수)

최대콧수는 래글런 스타일이나 요크 스타일 모두 같다. 계속 활용해야 하니 잘 기억해둔다. 앞에서 계산한 각 부위별 콧수로 최대콧수를 계산하면 다음과 같다. 아래 표에 자신의 콧수로 최대콧수를 구한다.

SAMPLE RULE

최대콧수* = 226 코 + (2 × 79 코) − (4 × 18 코) = 312 코

- Key Number [K] ········ 226코
- 소매둘레 ················ 79코
- 겨드랑이 ················ 18코

* 최대콧수는 무늬 맞춤을 위해 조정될 수 있다. 최대콧수의 조정은 STEP 5에서 해보자.

FOR MYSELF

최대콧수 = ☐ 코 + (2 × ☐ 코) − (4 × ☐ 코) = ☐ 코

- Key Number [K] ········ ☐ 코
- 소매둘레 ················ ☐ 코
- 겨드랑이 ················ ☐ 코

계산한 최대콧수를 그림에 옮기면 다음과 같다.

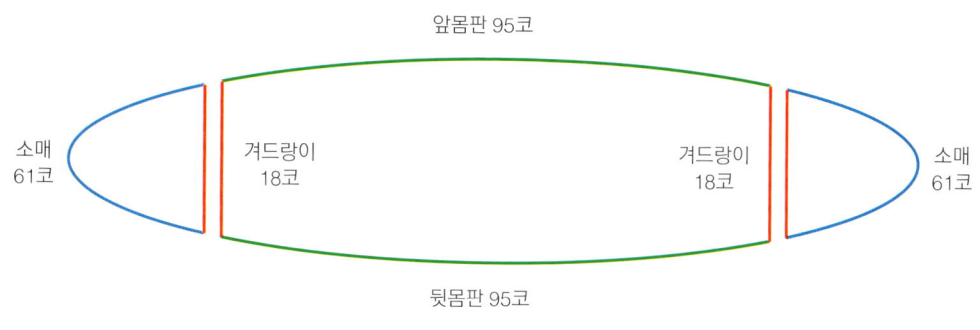

FOR MYSELF

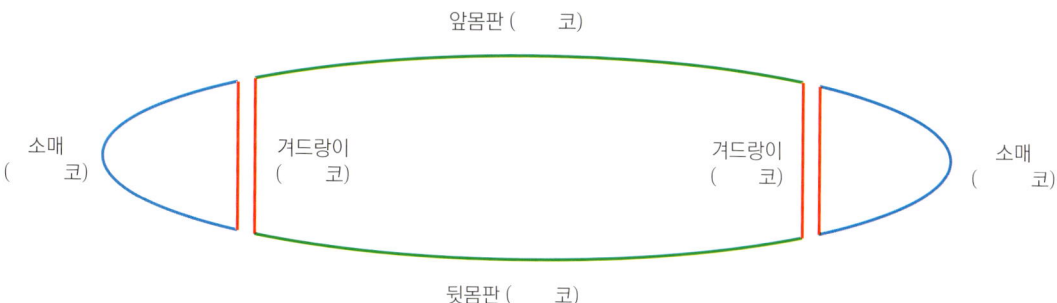

STEP 4   늘릴 콧수 정하기

최대콧수에서 목둘레 시작콧수를 빼면 늘려야 할 콧수가 된다.

늘릴 콧수 = 최대콧수 − 목둘레 시작콧수

SAMPLE RULE

늘릴 콧수 = 312 코 − 100 코 = 212 코

- 최대콧수 ·············· 312코
- 목둘레 시작콧수 ········ 100코

FOR MYSELF

늘릴 콧수 = ☐ 코 − ☐ 코 = ☐ 코

- 최대콧수 ·············· ☐ 코
- 목둘레 시작콧수 ········ ☐ 코

STEP 5

늘릴 횟수 정하기

래글런 스타일은 아래 그림처럼 몸판과 소매가 만나는 래글런선의 좌우 8곳에서 코를 늘린다. 그러므로 늘릴 콧수를 8로 나누면 늘릴 횟수를 구할 수 있다.

늘릴 횟수 = 늘릴 콧수 ÷ 8

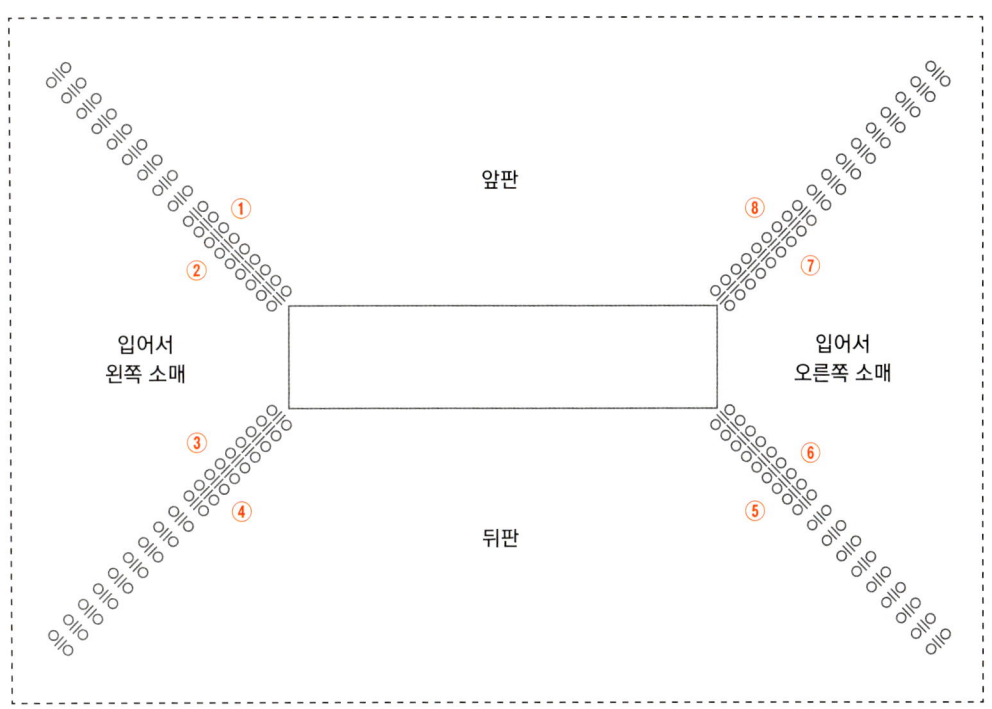

늘릴 콧수가 8배수가 아니면 나누어 떨어지지 않으므로, 이런 경우에는 몸통 여유분에 따라 늘려야 할 횟수를 결정하여 늘릴 콧수와 최대콧수를 수정해야 한다.

SAMPLE RULE

늘릴 횟수 = $\boxed{212}$ 코 ÷ 8 = $\boxed{26.5}$ 회

- 늘릴 콧수 ·········· 212코

- 늘릴 콧수가 8배수가 아니므로 정확히 나누어 떨어지지 않는다. 몸통에 여유분이 충분하면 26회로, 여유분이 많지 않으면 27회로 한다.
- 8코씩 26회를 늘리면 늘릴 콧수는 208코. 그러므로 시작콧수 100코를 더하면 최대콧수는 308코로 수정한다.
- 8코씩 27회를 늘리면 늘릴 콧수는 216코. 그러므로 시작콧수 100코를 더하면 최대콧수는 316코로 수정한다.

FOR MYSELF

늘릴 횟수 = ☐ 코 ÷ 8 = ☐ 회

- 늘릴 콧수 ·········· ☐ 코

SAMPLE 1은 여유분이 충분하여 26회를 선택했으므로, 늘릴 콧수를 208코, 최대콧수를 308코로 수정한다.

STEP 6 소매와 앞뒤 몸판의 시작콧수 배분하기

앞에서 목둘레 시작을 몇 코로 할지, 몇 번의 코늘림으로 몇 코까지 늘릴지를 모두 계산하였다. 이제는 시작콧수를 소매부분과 몸판부분으로 나누어야 한다.

> **소매 시작콧수 = (소매둘레콧수 – 겨드랑이콧수) – (2 × 코늘림 횟수)**

> **앞뒤 몸판 시작콧수 = [목둘레 시작콧수 – (2 × 소매 시작콧수)] ÷ 2**

소매둘레콧수에는 겨드랑이콧수가 포함되어 있다. 겨드랑이부분은 소매와 몸판을 분리할 때 만든다. 결과적으로 최대콧수 상태에서 소매에 필요한 콧수는 소매둘레콧수에서 겨드랑이콧수를 뺀 콧수, 즉 79코 – 18코 = 61코이다. 소매 양옆에서 26회씩 코늘림하여 61코가 되어야 하니 소매 시작코는 61코 – (2 × 26회) = 9코가 된다.

목둘레 시작콧수는 100코이다. 양쪽 소매의 시작콧수가 9코씩이니 앞뒤 몸판의 시작콧수는 [100코 – (2 × 9코)] ÷ 2 = 41코이다.

SAMPLE RULE

소매 시작콧수 = (79 코 – 18 코) – (2 × 26 회) = 9 코
앞뒤 몸판 시작콧수 = [100 코 – (2 × 9 코)] ÷ 2 = 41 코

- 목둘레 시작콧수 ········ 42㎝ 100코
- 소매둘레 ············ 33㎝ 79코
- 겨드랑이 ············ 7.5㎝ 18코
- 늘릴 횟수 ············ 26회

FOR MYSELF

소매 시작콧수 = (☐코 - ☐코) - (2 × ☐회) = ☐코

앞뒤 몸판 시작콧수 = [☐코 - (2 × ☐코)] ÷ 2 = ☐코

- 목둘레 시작콧수 ······ ☐cm ☐코
- 소매둘레 ······ ☐cm ☐코
- 겨드랑이 ······ ☐cm ☐코
- 늘릴 횟수 ······ ☐회

계산한 콧수를 그림에 옮기면 다음과 같다.

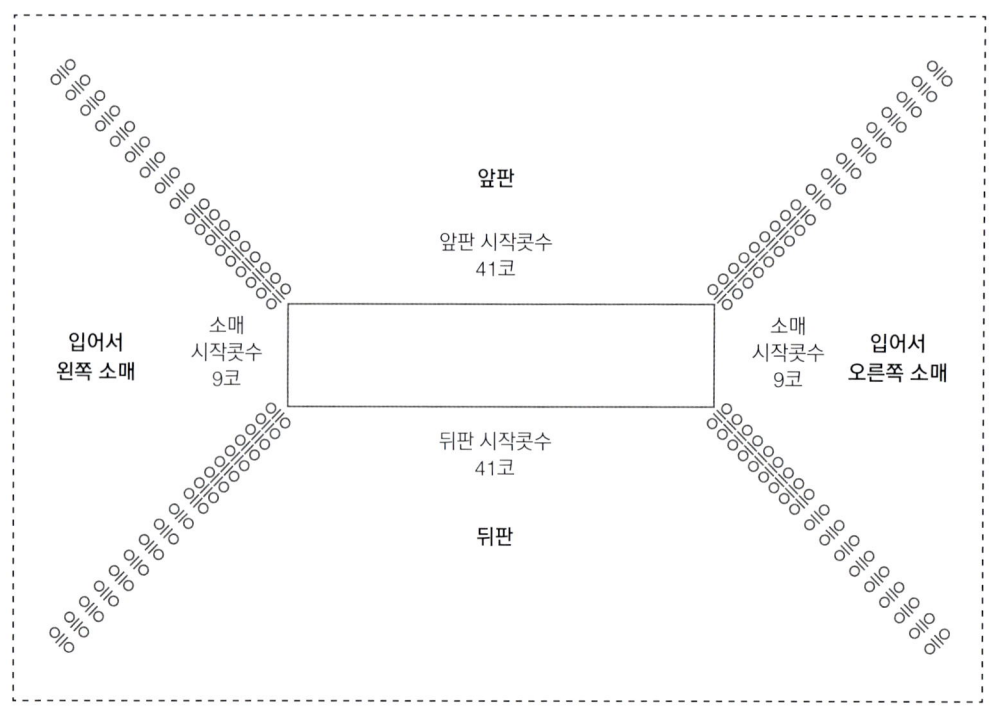

STEP - UP

기본 래글런 스타일에 익숙해졌다면 다음에는 래글런선의 위치와 목둘레선에 변화를 주어 다양한 디자인에 도전해보자. 래글런선이 몸 중심에 가까우면 몸이 날씬해 보이는 효과가 있다. 래글런선이 몸 중심으로 이동하면 소매 시작콧수가 많아지므로 몸판의 시작콧수는 줄어든다. 결과적으로 소매와 몸판에서 늘려야 하는 코늘림 횟수가 달라진다.

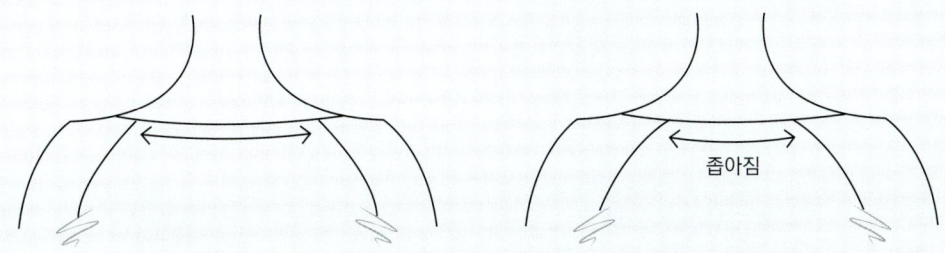

소매 코늘림 횟수 = (소매둘레콧수 – 겨드랑이콧수 – 소매 시작콧수) ÷ 2

앞몸판 코늘림 횟수 = (앞몸판 콧수* – 겨드랑이콧수 – 앞판 시작콧수) ÷ 2

* 앞몸판 콧수는 [K] ÷ 2

래글런 스타일은 목선을 넓게 하면 여성스러운 느낌이 살아난다. [K]를 기준으로 목둘레선을 정하지 않고 줄자로 원하는 목둘레선을 직접 재서 이용할 수도 있다. 시작 목둘레가 넓어져 목둘레 시작콧수가 많아지면, 래글런선에서 늘려야 하는 콧수가 줄어들고, 목선에서 진동까지의 길이가 자연스럽게 짧아진다.

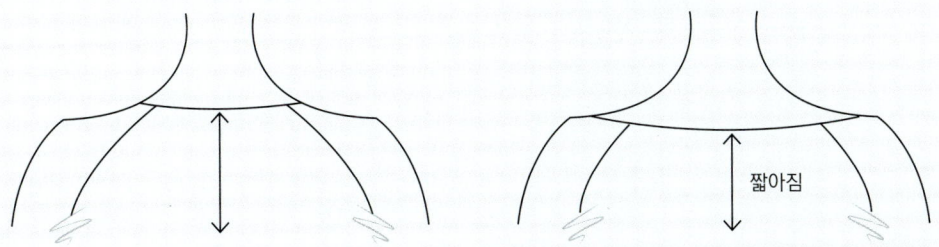

STEP 7 — 래글런선 코늘림 하기

아래 사진에 표시된 4곳, 즉 몸판과 소매가 만나는 곳에 마커를 끼운다. 코늘림은 마커의 앞뒤에서 하는데, 입었을 때 어깨가 덮어질 때까지 2단에 1번씩 코늘림을 한다.

별도의 바늘에 코를 반반 나누어 놓거나 버림실에 코를 옮겨 놓은 다음, 어깨넓이까지 나오는지 입어본다.

SAMPLE 1은 16회의 코늘림으로 어깨넓이가 되었다. 단수는 2단에 1번씩 늘려 32단이다.

진동길이는 21㎝ 71단. 71단에서 지금까지 뜬 단수를 빼면 더 떠야 할 단수이다. 늘릴 횟수는 26회. 26회에서 지금까지 늘린 횟수를 빼면 더 늘려야 할 횟수가 나온다. 더 떠야 할 단수를 더 늘려야 할 횟수로 나누면 몇 단에 1번씩 코늘림을 해야 하는지를 알 수 있다.

SAMPLE RULE

진동길이　　　　　21 ㎝　71 단
코늘림 횟수　　　　26 회

- 어깨까지 코늘림 16회, 32단
- 더 떠야 할 단수······ 71단 - 32단 = 39단
- 더 늘려야 할 횟수··· 26회 - 16회 = 10회
- 39단 ÷ 10회 = 3.9단
- 3단마다 코늘림을 10회 한다.
- 3단 × 10회 = 30단
- 남은 9단은 단평으로 뜬다.

FOR MYSELF

진동길이　　　　　□ ㎝　□ 단
코늘림 횟수　　　　□ 회

- 어깨까지 코늘림 □ 회, □ 단
- 더 떠야 할 단수······ □ 단 - □ 단 = □ 단
- 더 늘려야 할 횟수··· □ 회 - □ 회 = □ 회
- □ 단 ÷ □ 회 = □ 단
- □ 단마다 코늘림을 □ 회 한다.
- □ 단 × □ 회 = □ 단
- 남은 □ 단은 단평으로 뜬다.

SAMPLE 1은 3단마다 코늘림 10회를 하고, 9단평을 뜬다.

STEP - UP

래글런선에서 코를 늘리는 방법은 여러 가지이다. 래글런의 기준코를 중심으로 양쪽에서 코가 늘어난다. 많이 사용하는 3가지 방법을 알아보자.

1. 중심코 좌우의 바(bar)를 걸어 올려 늘리기(Make 1 Centered Double Increases)

가장 많이 사용하는 코늘림 방법이다.

M1R

중심코와 앞코 사이에 걸쳐진 바에 왼쪽 바늘을 뒤에서 앞으로 넣는다.

걸어 올린 코의 앞부분을 겉뜨기로 뜬다.

M1L

중심코와 다음코 사이에 걸쳐진 바에 왼쪽바늘을 앞에서 뒤로 넣는다.

걸어 올린 코의 뒷부분을 겉뜨기로 뜬다.

2. 오른코늘리기와 왼코늘리기로 늘리기(Lifted Stitch Double Increases)

단정한 모양 때문에 많이 사용하는 방법이다.

중심 2코를 기준으로 좌우에서 늘리면 래글런선이 3코인 것처럼 보인다.

오른코늘리기

중심코 앞의 오른쪽 자락을 들어올린다.

들어올린 코를 겉뜨기로 뜬 후 다음코를 뜬다.

왼코늘리기

중심코와 다음코를 겉뜨기로 뜨고, 뜬 코의 한단 아래에 있는 코의 왼쪽자락을 들어올린다.

들어올린 코를 겉뜨기로 뜬다.

3. 바늘비우기로 늘리기(Yarnover Double Increases)

레이스무늬를 뜰 때 주로 사용하는 방법이다.

래글런선을 따라 만들어진 구멍이 시원하고 여성스러운 느낌을 준다.

바늘비우기   바늘비우기

바늘
비우기

중심코를 뜨기 전에 실을 안뜨기방향으로 놓고 중심코를 겉뜨기로 뜬다.

중심코를 뜬 다음, 실을 안뜨기방향으로 놓고 다음코를 겉뜨기로 뜬다.

소매와 몸판을 분리하기 전에 지금까지 뜬 것을 그림으로 정리해보자.

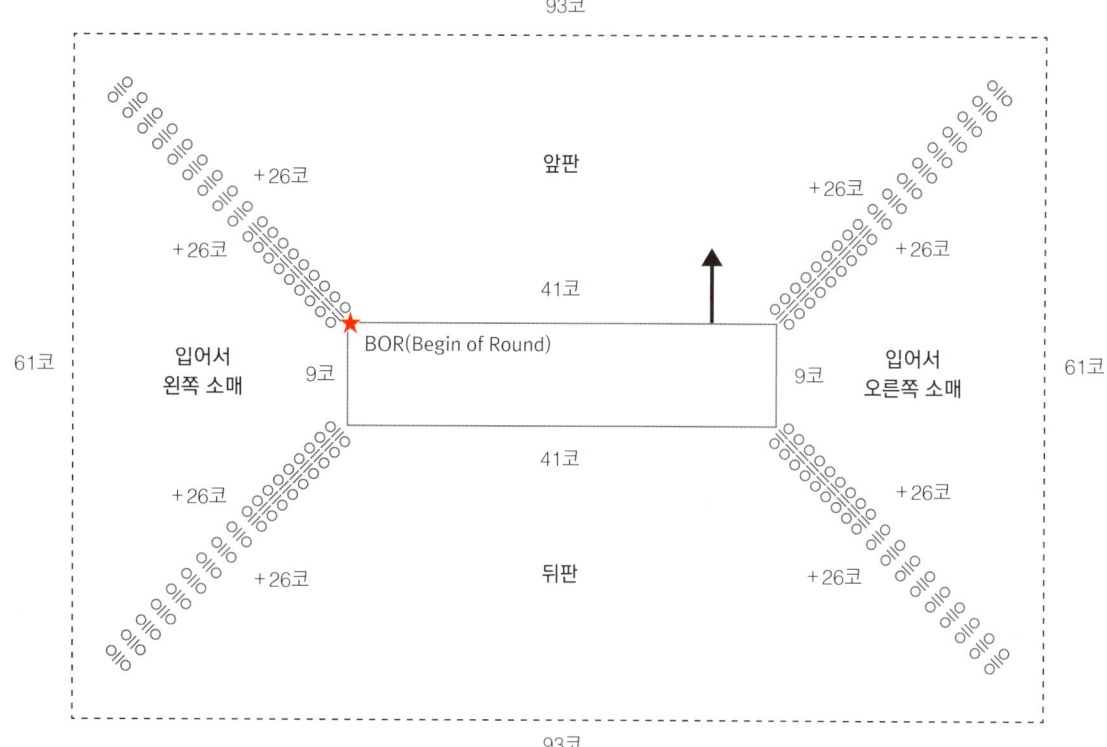

STEP 8

몸판과 소매 분리하기

목둘레에서 100코로 시작하여 8코씩 26회 코늘림을 한 후 바늘에 걸려 있는 전체콧수는 308코이다.

> 최대콧수 = 100코 + (26회 × 8코) = 308코

이제 몸판과 소매를 분리한다. 분리는 환편뜨기의 시작위치★(BOR=Begin Of Round)에서 시작한다. 풀오버 래글런 스타일의 BOR은 앞몸판과 왼쪽 소매(입었을 때)가 만나는 곳이다 (p.33 그림 참고).

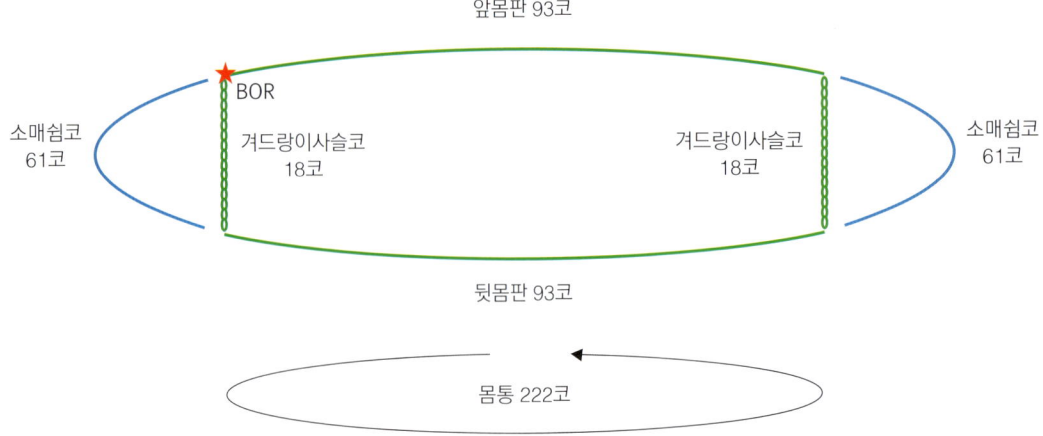

1. 소매에 해당하는 61코를 버림실에 옮겨둔다.
2. 별도의 버림실로 겨드랑이콧수(18코)만큼 사슬코를 만든다.
3. 몸판에 연결된 실로 2의 사슬코에서 18코를 줍는다.
4. 뒤판 93코를 뜬다.
5. 1, 2, 3을 반복한다.
6. 앞판 93코를 뜬다.
7. 겨드랑이 18코 + 뒤판 93코 + 겨드랑이 18코 + 앞판 93코 = 222코.
   바늘에 걸린 몸판콧수는 222코이다.

돗바늘에 버림실을 끼워 소매콧수를 옮겨 놓는다.

사슬코에서 겨드랑이콧수를 줍는다.

몸통은 환편이 되고, 콧수는 222코이다.

> **TIP**
> 소매와 몸판을 분리하는 과정은 모든 톱다운 니트를 뜰 때 반복적으로 나타난다. 분리되는 부분이 단정하게 떠지도록 확실하게 익혀두어야 한다.

> **TIP**
> 바늘에 걸려 있는 몸판콧수는 Key Number [K = 94㎝, 226코]보다 4코가 작다. 래글런선 늘림 횟수를 계산할 때 소수점 이하를 생략했기 때문이다. 입어보고 몸판이 작다면 겨드랑이콧수를 늘려서 몸판의 치수를 조절할 수 있다. 단, 겨드랑이콧수가 늘어나면 몸판콧수와 소매콧수가 같이 늘어난다는 것을 주의해야 한다. 톱다운을 뜨다보면 처음 계획했던 콧수보다 입어보면서 조정한 콧수가 훨씬 더 중요하다는 것을 알게 될 것이다. 이는 톱다운의 가장 큰 장점이기도 하다. 처음 계획했던 콧수는 하나의 가이드 라인으로 생각하면 좋다.

STEP 9 — 몸판 뜨기

바늘에 걸린 222코를 원하는 몸판 길이에서 마무리단 높이를 뺀 길이만큼 환편뜨기로 뜬 후, 실을 15㎝ 남기고 자른다. SAMPLE 1은 32㎝ 108단을 떴다.

STEP 10   # 아이코드(I-cord) 밑단 뜨기

1. 버림실과 4호 코바늘로 사슬코 4코를 뜬다.
2. 3.5㎜ 짧은 막대바늘과 작품실로 사슬코 4코에서 코를 줍는다.
3. 코를 바늘의 오른쪽끝으로 민다.
4. 겉뜨기 3코를 뜬다.
5. 4번째 코를 겉뜨기방향으로 빼고 몸판의 1코를 겉뜨기로 뜬 후 덮어씌운다.
6. 3, 4, 5를 몸판의 코가 다 없어질 때까지 반복한다. 실을 15㎝ 남기고 자른다.
7. 사슬코를 떴던 버림실을 풀고, 코를 별도의 바늘에 옮긴다.
8. 아이코드의 시작과 끝부분을 메리야스잇기로 이어준다.

몸판과 마무리단의 완성.

짧은 막대바늘과 작품실로 사슬코에서 4코를 주운 후 바늘을 반대방향으로 민다.

겉뜨기 3코를 뜬다.

아이코드의 4번째 코와 몸판코를 오른코겹치기 한다. 바늘을 반대방향으로 민다. 몸판의 코가 다 없어질 때까지 반복한다.

아이코드의 버림실을 풀고 다른 대바늘에 시작코를 걸어놓는다.

아이코드 시작과 끝부분을 메리야스잇기로 이어준다.

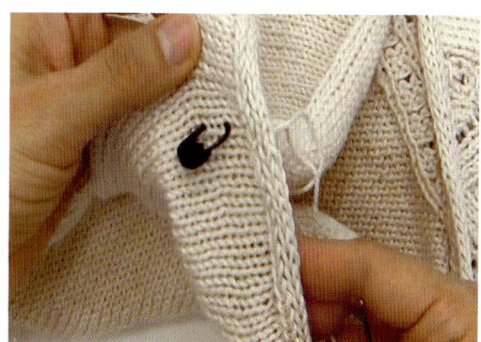

아이코드 밑단의 마무리.

STEP 11 소매 뜨기

1. 버림실에 옮겨두었던 소매 61코를 바늘에 옮긴다.
2. 버림실로 뜬 몸판의 겨드랑이 18코의 사슬을 풀어 바늘에 옮긴다. 떠가는 방향이 반대이기 때문에 양쪽 가장자리에 반 코가 생겨 걸어 올린 콧수는 19코가 된다.
3. 겨드랑이콧수의 반을 왼쪽 바늘에 옮긴다.
4. 겨드랑이의 중심에 새 실을 연결하여 겉뜨기를 뜬다.
5. 겨드랑이의 왼쪽끝 반 코는 소매 첫 코와 왼코겹치기로 같이 떠서 구멍이 생기는 것을 방지한다.
6. 소매의 마지막코는 겨드랑이의 오른쪽끝 반 코와 같이 오른코겹치기로 떠서 구멍이 생기는 것을 방지한다. 결과적으로 겨드랑이 18코 중 1코는 좌우 반 코씩이 소매와 함께 떠서 없어지고 소매둘레의 콧수는 78코가 된다.
7. 원하는 길이만큼 뜬 후 몸판의 밑단처럼 아이코드로 마무리단을 뜬다. 4단평을 뜬 후 3㎜ 대바늘로 아이코드 마무리단을 뜬다.
8. 돗바늘을 이용하여 소매와 겨드랑이 연결부분의 늘어진 실을 좌우로 당겨서 구멍이 생기지 않게 한다.

겨드랑이 사슬코를 풀어 바늘에 옮긴다.

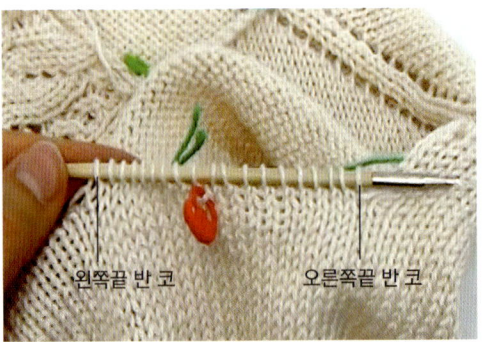

양옆에 반 코가 생겨서 걸어 올린 콧수는 겨드랑이콧수보다 1코가 많은 19코이다.

겨드랑이코의 중심에 새 실을 연결하여 소매 뜨기를 시작한다.

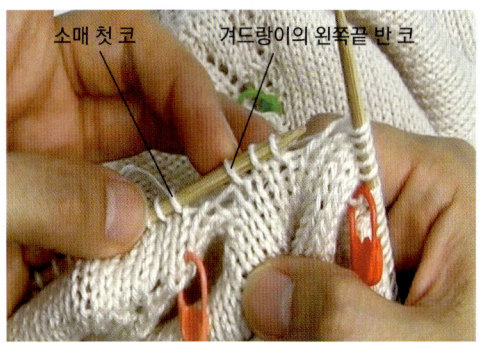

겨드랑이 왼쪽끝 반 코와 소매 첫 코를 왼코겹치기로 뜬다.

소매의 마지막코와 겨드랑이의 오른쪽끝 반 코를 오른코겹치기로 뜬다.

구멍이 큰 부분의 실을 잡아당긴다.

늘어난 분량을 옆으로 분산시킨다.

구멍이 작아진다.

SAMPLE 1에서는 톱다운의 기본 개념을 익히는 것에 목표를 두었기 때문에 소매를 짧은 소매로 마무리했다. 소매배래의 계산은 SAMPLE 2에서 함께 공부해보자.

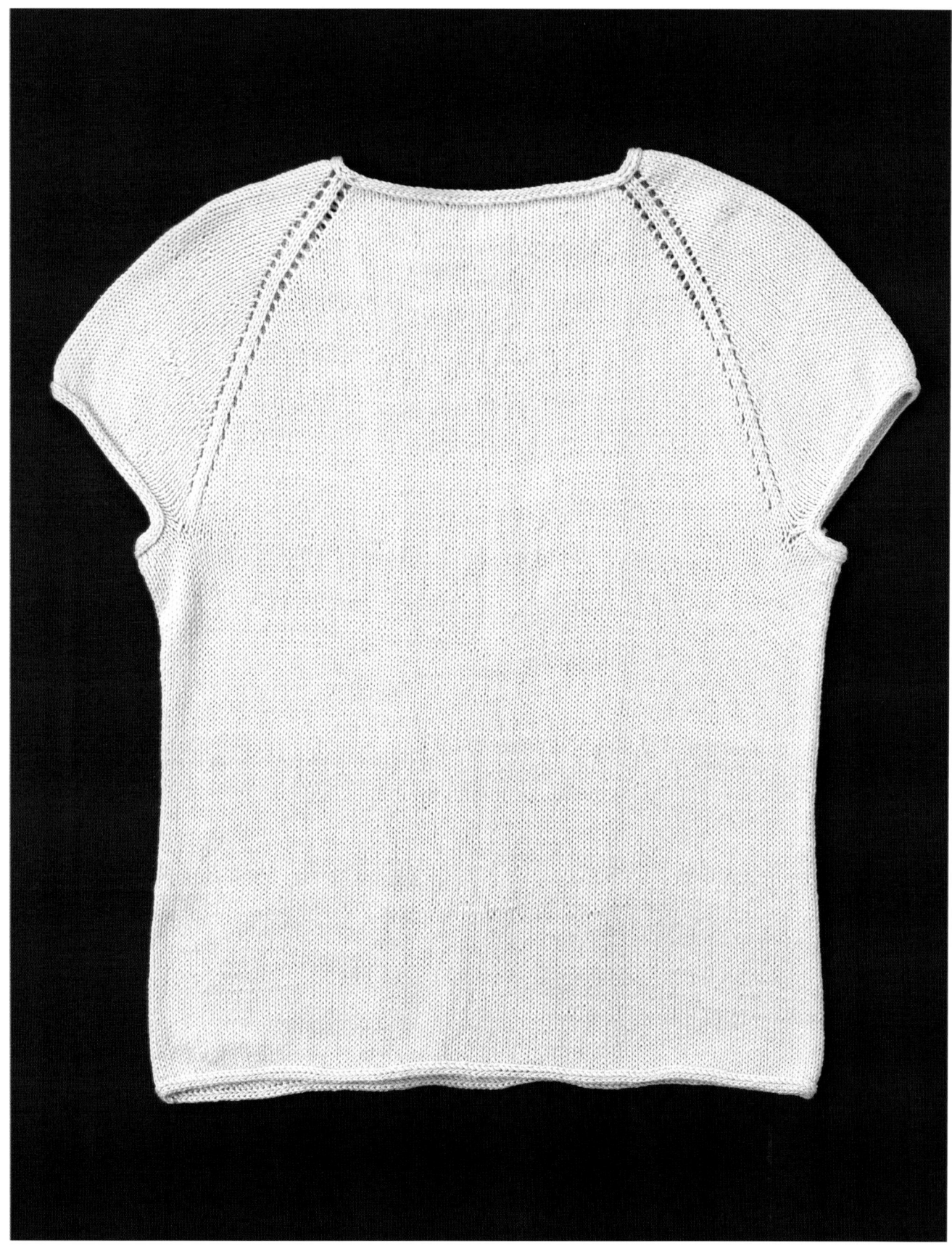

STEP 12 아이코드(I-cord) 목선 마무리단 뜨기

1. 버림실과 4호 코바늘로 사슬코 3코를 뜬다.
2. 3.5㎜ 짧은 막대바늘과 작품실로 사슬코 3코에서 코를 줍는다.
3. 코를 바늘의 오른쪽끝으로 민다.
4. 겉뜨기 2코를 뜬다.
5. 3번째 코를 겉뜨기방향으로 빼고 목선에서 1코를 주운 후, 3번째 코로 덮어씌운다.
6. **3, 4, 5**를 목선의 코가 다 없어질 때까지 반복한다. 실을 15㎝ 남기고 자른다.
7. 사슬코를 떴던 버림실을 풀고, 코를 별도의 바늘에 옮긴다.
8. 아이코드의 시작과 끝부분을 메리야스잇기로 이어준다.

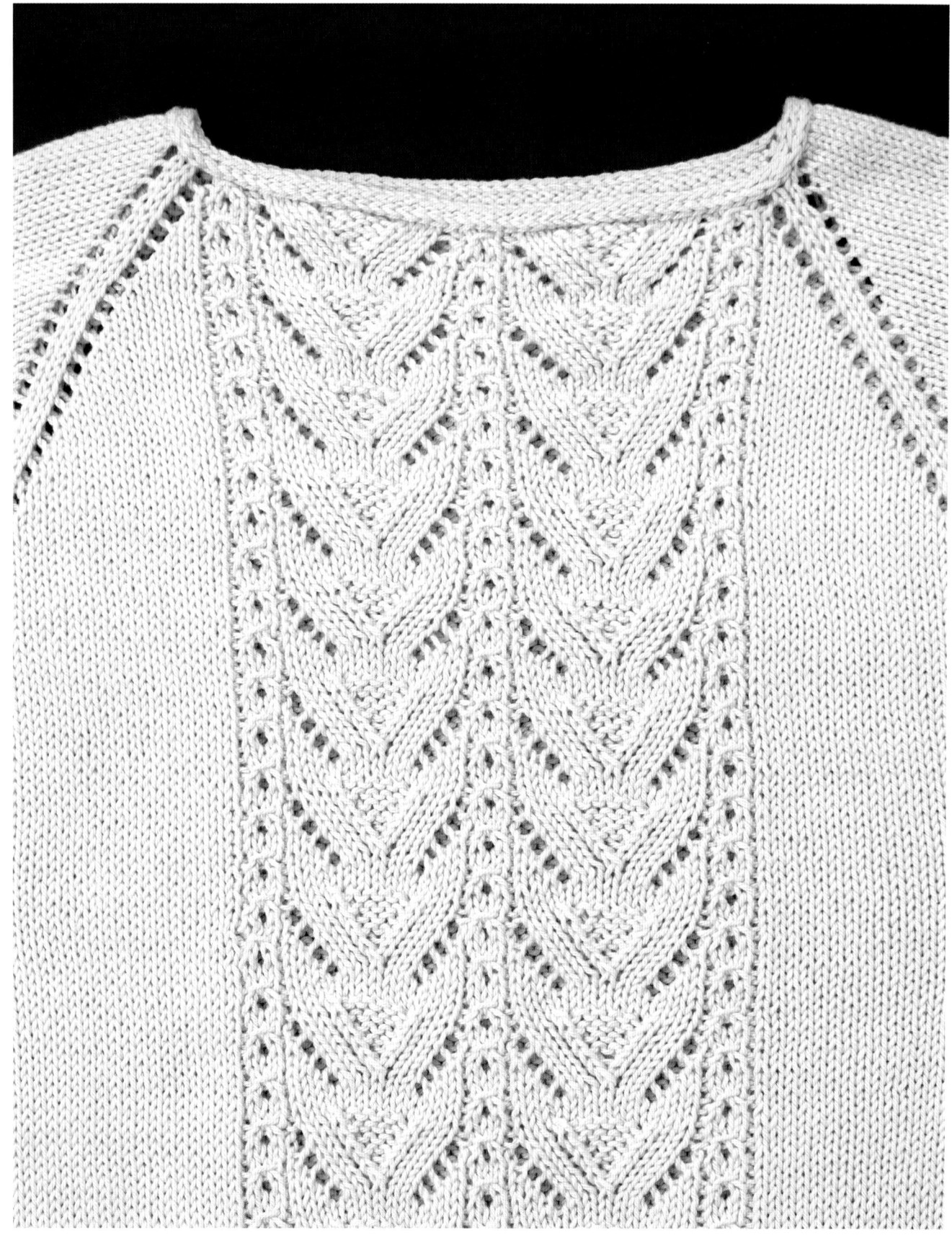

42　**SAMPLE 1** 래글런 스타일・반소매 스웨터

몸판에 사용한 무늬

SAMPLE

2

RAGLAN STYLE
래글런 스타일

V넥 스웨터

SAMPLE 2는 래글런선에 작은 교차무늬를 넣은 V넥 디자인이다. 래글런선 무늬를 제외한 몸판은 안뜨기로 뜨고, 몸판과 소매로 이어지는 톱다운 래글런의 특징을 살리기 위해 가로배색을 넣었다.

STEP 1 치수 정하기

래글런 스타일의 치수를 구하는데 기준이 되는 것이 가슴둘레이다. 여유분은 각자의 취향에 따라 달라질 수 있다. 아래 표의 계산을 참고하여 자신의 치수를 구한다.

SAMPLE RULE 남성 표준 사이즈 100, 가슴둘레 95 cm, 여유분 10 cm

Key Number [K] = 가슴둘레 95 cm + 여유분 10 cm = 105 cm

- 목 둘 레 = [K]의 45% ············ 105cm × 0.45 = 47.25cm → 47cm
- 소매둘레 = [K]의 35~40% * ······ 105cm × 0.35 = 36.75cm → 37cm
- 소매부리 = [K]의 25% ············ 105cm × 0.25 = 26.25cm → 26cm
- 겨드랑이 = [K]의 8% ············· 105cm × 0.08 = 8.4cm → 8.5cm
- 진동길이 = [K]의 22~25% * ······ 105cm × 0.22 = 23.1cm → 23cm

* 슬림한 소매와 잘 맞는 진동을 좋아하면 소매둘레는 35%, 진동길이는 22%로 계산한다.
여유 있는 사이즈를 원하면 이보다 크게 계산한다.
한번 떠본 후에는 어떤 치수가 자신에게 잘 맞는지 기억해두면 편리하다.

FOR MYSELF 가슴둘레 ☐ cm, 여유분 ☐ cm

Key Number [K] = 가슴둘레 ☐ cm + 여유분 ☐ cm = ☐ cm

- 목 둘 레 = [K]의 45% ············ ☐ cm × 0.45 = ☐ cm
- 소매둘레 = [K]의 35~40% ········ ☐ cm × 0.35 = ☐ cm
- 소매부리 = [K]의 25% ············ ☐ cm × 0.25 = ☐ cm
- 겨드랑이 = [K]의 8% ············· ☐ cm × 0.08 = ☐ cm
- 진동길이 = [K]의 22~25% ········ ☐ cm × 0.22 = ☐ cm

STEP 2 게이지 계산하기

각 부위의 치수를 모두 구했으니 이번에는 게이지를 대입하여 필요한 콧수와 단수를 계산해보자. SAMPLE 2에 사용된 실은 「라나 가토(LANA GATTO)」사의 「하이클래스(HIGH-CLASS)」 2겹이다. 4.5㎜ 대바늘로 메리야스뜨기를 떴을 때 10㎠에 들어가는 콧수는 19.5코, 단수는 28단이다. 10㎝에 19.5코가 들어간다는 것은 1㎝에 1.95코가 들어간다는 의미다. 가로에는 콧수를, 세로에는 단수를 곱하면 필요한 콧수와 단수를 구할 수 있다. 아래 표의 계산을 참고하여 자신의 게이지와 치수를 대입해서 필요한 콧수와 단수를 구한다.

SAMPLE RULE 게이지 4.5 ㎜, 1.95 코 28 단

Key Number [K] 105 ㎝ × 1.95 코 = 204 코

- 목둘레 시작콧수* …… 47㎝ × 1.95코 = 91.65코 → 92코
- 소매둘레 ………………… 37㎝ × 1.95코 = 72.15코 → 72코
- 소매부리 ………………… 26㎝ × 1.95코 = 50.7코 → 50코
- 겨드랑이 ………………… 8.5㎝ × 1.95코 = 16.58코 → 17코
- 진동길이 ………………… 23㎝ × 2.8단 = 64.4단 → 64단

* 목둘레는 앞판, 뒤판, 양쪽 소매 등 4개 부위로 나누어지므로 짝수가 좋다.

FOR MYSELF 게이지 ☐ ㎜, ☐ 코 ☐ 단

Key Number [K] ☐ ㎝ × ☐ 코 = ☐ 코

- 목둘레 시작콧수 ……… ☐ ㎝ × ☐ 코 = ☐ 코
- 소매둘레 ………………… ☐ ㎝ × ☐ 코 = ☐ 코
- 소매부리 ………………… ☐ ㎝ × ☐ 코 = ☐ 코
- 겨드랑이 ………………… ☐ ㎝ × ☐ 코 = ☐ 코
- 진동길이 ………………… ☐ ㎝ × ☐ 단 = ☐ 단

계산한 치수와 콧수를 그림에 옮기면 다음과 같다.

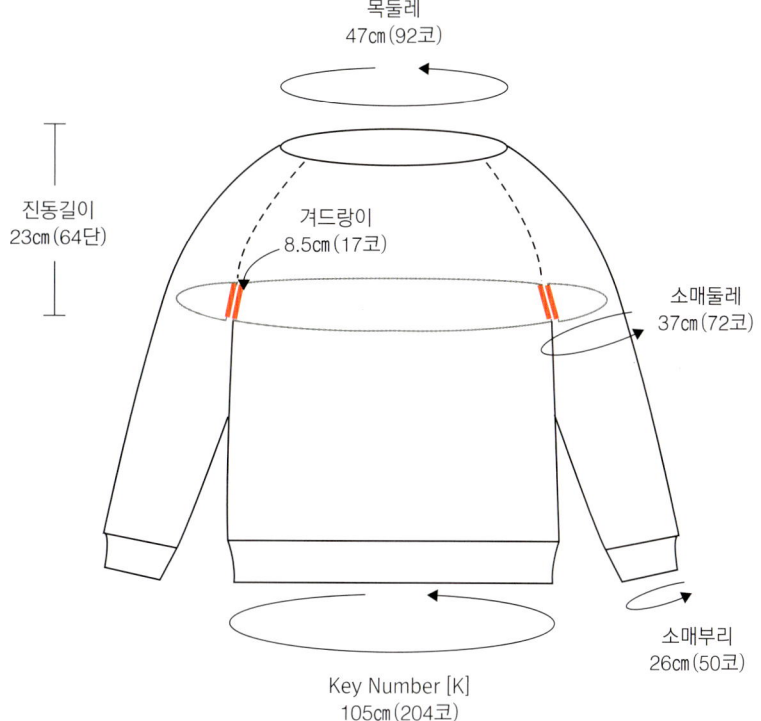

FOR MYSELF

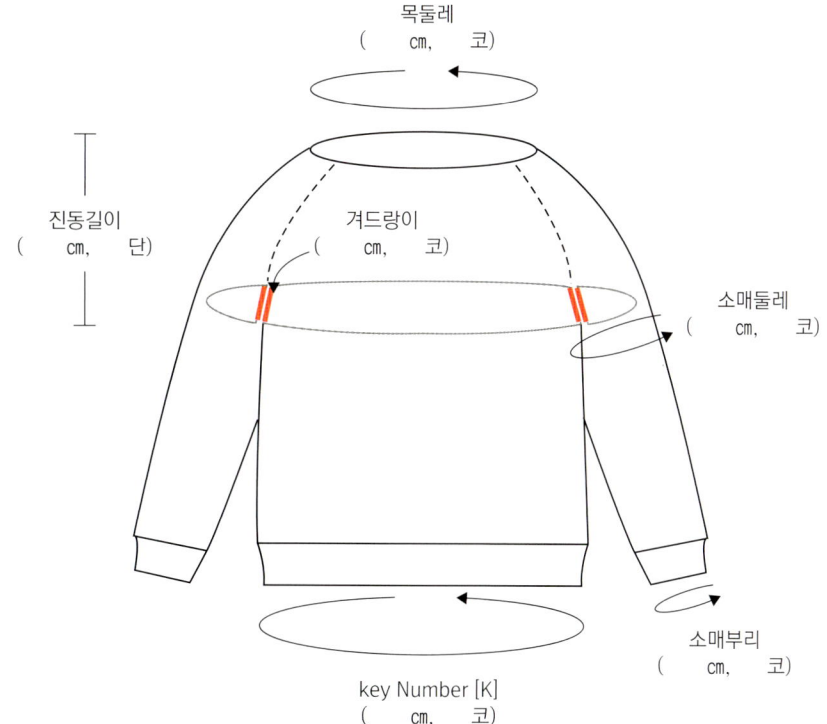

STEP 2 게이지 계산하기

STEP 3   최대콧수 구하기

꼭 기억해야 할 POINT

목선에서 시작해서 코늘림하여 진동길이 만큼 떴을 때, 몸판과 소매를 분리하기 전의 콧수를 「최대콧수」라고 한다. 몸판과 소매를 분리하면서 겨드랑이를 좌우 몸판과 소매에서 만들어준다. 그러므로 몸통 콧수(Key Number)에 앞뒤 2장의 소매둘레콧수를 더한 후, 4배의 겨드랑이콧수(양쪽 몸통 겨드랑이, 양쪽 소매 겨드랑이)를 빼주어야 최대콧수가 된다.

최대콧수 = Key Number [K] + (2 × 소매둘레콧수) − (4 × 겨드랑이콧수)

최대콧수는 래글런 스타일이나 요크 스타일 모두 같다. 계속 활용해야 하니 잘 기억해둔다. 앞에서 계산한 각 부위별 콧수로 최대콧수를 계산하면 다음과 같다. 아래 표에 자신의 콧수로 최대콧수를 구한다.

SAMPLE RULE

최대콧수* = 204 코 + (2 × 72 코) − (4 × 17 코) = 280 코

- Key Number [K] ········ 204코
- 소매둘레 ············· 72코
- 겨드랑이 ············· 17코

* 최대콧수는 무늬 맞춤을 위해 조정될 수 있다. 최대콧수의 조정은 STEP 5에서 해보자.

FOR MYSELF

최대콧수 = ☐ 코 + (2 × ☐ 코) − (4 × ☐ 코) = ☐ 코

- Key Number [K] ········ ☐ 코
- 소매둘레 ············· ☐ 코
- 겨드랑이 ············· ☐ 코

계산한 최대콧수를 그림에 옮기면 다음과 같다.

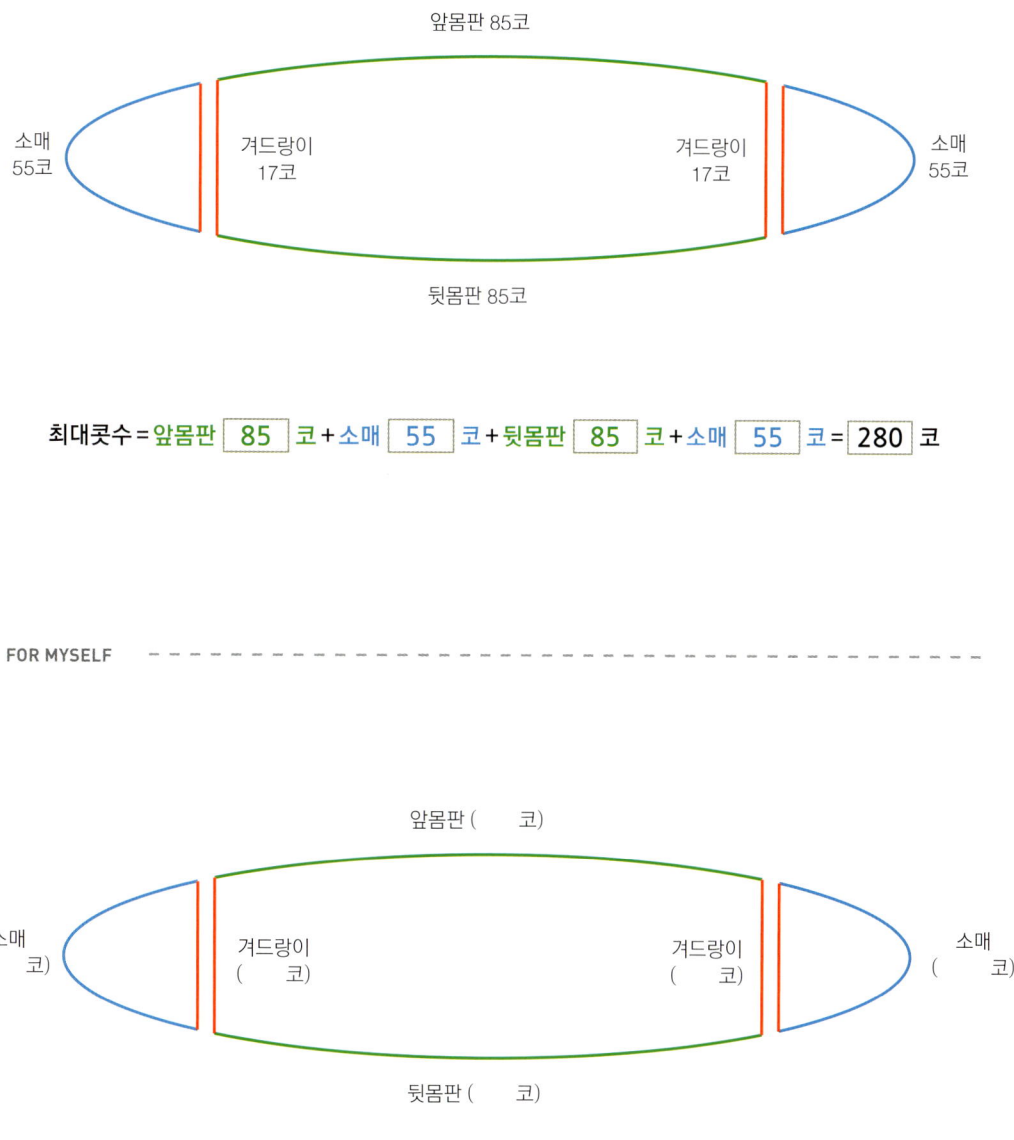

앞몸판 85코
소매 55코
겨드랑이 17코
겨드랑이 17코
소매 55코
뒷몸판 85코

최대콧수 = 앞몸판 85 코 + 소매 55 코 + 뒷몸판 85 코 + 소매 55 코 = 280 코

FOR MYSELF -----------------------------

앞몸판 (코)
소매 (코)
겨드랑이 (코)
겨드랑이 (코)
소매 (코)
뒷몸판 (코)

최대콧수 = 앞몸판 □ 코 + 소매 □ 코 + 뒷몸판 □ 코 + 소매 □ 코 = □ 코

STEP 4 늘릴 콧수 정하기

최대콧수에서 목둘레 시작콧수를 빼면 늘려야 할 콧수가 된다.

늘릴 콧수 = 최대콧수 – 목둘레 시작콧수

SAMPLE RULE

늘릴 콧수 = 280 코 – 92 코 = 188 코

- 최대콧수 ············· 280코
- 목둘레 시작콧수 ········ 92코

FOR MYSELF

늘릴 콧수 = ☐ 코 – ☐ 코 = ☐ 코

- 최대콧수 ············· ☐ 코
- 목둘레 시작콧수 ········ ☐ 코

STEP 5

늘릴 횟수 정하기

래글런 스타일은 아래 그림처럼 몸판과 소매가 만나는 래글런선의 좌우 8곳에서 코를 늘린다. 그러므로 늘릴 콧수를 8로 나누면 늘릴 횟수를 구할 수 있다.

> **늘릴 횟수 = 늘릴 콧수 ÷ 8**

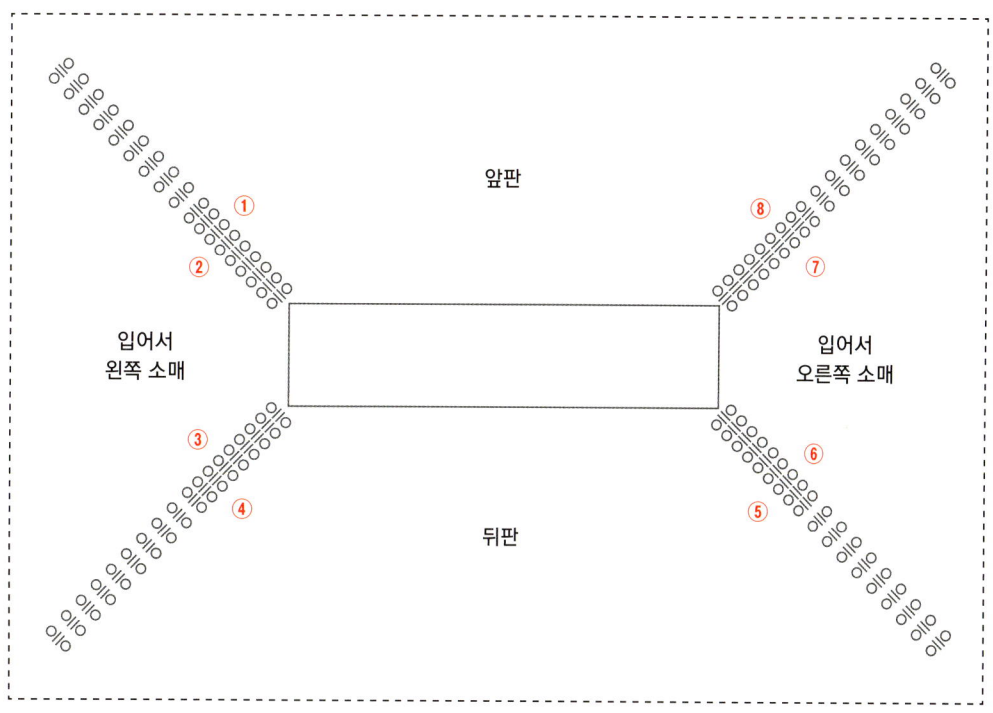

늘릴 콧수가 8배수가 아니면 나누어 떨어지지 않으므로, 이런 경우에는 몸통 여유분에 따라 늘려야 할 횟수를 결정하고, 늘릴 콧수와 최대콧수를 수정해야 한다.

SAMPLE RULE

늘릴 횟수 = $\boxed{188}$ 코 ÷ 8 = $\boxed{23.5}$ 회

- 늘릴 콧수 ………… 188코

- 늘릴 콧수가 8배수가 아니므로 정확히 나누어 떨어지지 않는다. 몸통에 여유분이 충분하면 23회로, 여유분 많지 않다면 24회로 한다.
- 8코씩 23회를 늘리면 늘릴 콧수는 184코. 그러므로 시작콧수 92코를 더하면 최대콧수는 276코로 수정한다.
- 8코씩 24회를 늘리면 늘릴 콧수는 192코. 그러므로 시작콧수 92코를 더하면 최대콧수는 284코로 수정한다.

FOR MYSELF

늘릴 횟수 = $\boxed{}$ 코 ÷ 8 = $\boxed{}$ 회

- 늘릴 콧수 ………… $\boxed{}$ 코

SAMPLE 2는 여유분이 많지 않아 24회를 선택하였다. 늘릴 콧수를 192코, 최대콧수를 284코로 수정한다.

STEP 6 소매와 앞뒤 몸판의 시작콧수 배분하기

앞에서 목둘레 시작을 몇 코로 할지, 몇 번의 코늘림으로 몇 코까지 늘릴지를 모두 계산하였다. 이제는 시작콧수를 소매부분과 몸판부분으로 나누어야 한다.

> **소매 시작콧수 = (소매둘레콧수 − 겨드랑이콧수) − (2 × 코늘림 횟수)**

> **앞뒤 몸판 시작콧수 = [목둘레 시작콧수 − (2 × 소매 시작콧수)] ÷ 2**

소매둘레콧수에는 겨드랑이콧수가 포함되어 있다. 겨드랑이부분은 소매와 몸판을 분리할 때 만든다. 결과적으로 최대콧수 상태에서 소매에 필요한 콧수는 소매둘레콧수에서 겨드랑이콧수를 뺀 콧수, 즉 72코−17코=55코이다. 소매 양옆에서 24회씩 코늘림하여 55코가 되어야 하니 소매 시작코는 55코−(2×24회)=7코가 된다.

목둘레 시작콧수는 92코이다. 양쪽 소매의 시작콧수가 7코씩이니 앞뒤 몸판의 시작콧수는 [92코−(2×7코)]÷2=39코이다.

SAMPLE RULE

소매 시작콧수 = (72 코 − 17 코) − (2 × 24 회) = 7 코
앞뒤 몸판 시작콧수 = [92 코 − (2 × 7 코)] ÷ 2 = 39 코

- 목둘레 시작콧수 ……… 47cm 92코
- 소매둘레 ……… 37cm 72코
- 겨드랑이 ……… 8.5cm 17코
- 늘릴 횟수 ……… 24회

FOR MYSELF

소매 시작콧수 = (☐코 − ☐코) − (2 × ☐회) = ☐코

앞뒤 몸판 시작콧수 = [☐코 − (2 × ☐코)] ÷ 2 = ☐코

- 목둘레 시작콧수 ……… ☐cm ☐코
- 소매둘레 ……… ☐cm ☐코
- 겨드랑이 ……… ☐cm ☐코
- 늘릴 횟수 ……… ☐회

계산한 콧수를 그림에 옮기면 다음과 같다.

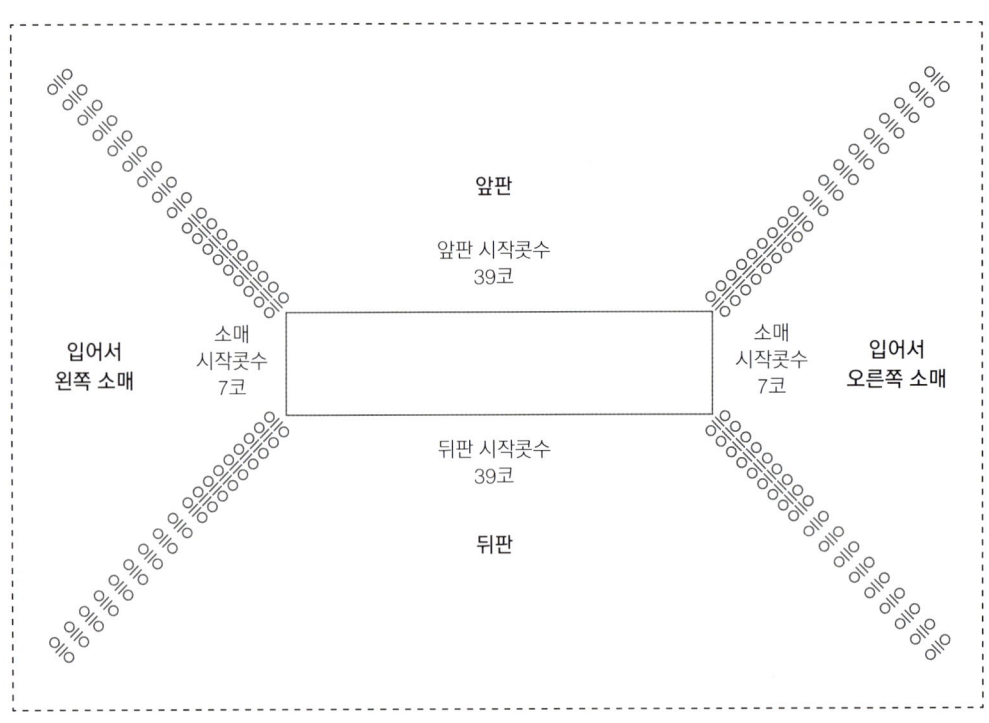

STEP 7

V네크라인 시작콧수 정하기

목둘레의 시작콧수를 소매와 몸판으로 분리하는 것까지는 SAMPLE 1과 동일하다. SAMPLE 2에서는 앞목을 V네크라인으로 만든다. 네크라인이 완성될 때까지는 겉면과 안쪽면을 반복해서 뜨는 평면뜨기로 뜬다. 앞판에 해당하는 콧수는 네크라인을 만들면서 생긴다. 결과적으로 시작콧수는 「오른쪽 소매 시작콧수+뒤판 시작콧수+왼쪽 소매 시작콧수=7코+39코+7코=53코」이다. 여기에 래글런선에 무늬를 넣기 위해 앞판에 2코가 필요하고, 코늘림을 위한 기준 1코도 더 필요하다. 래글런선이 좌우에 있으므로 모두 6코가 더 필요하다.

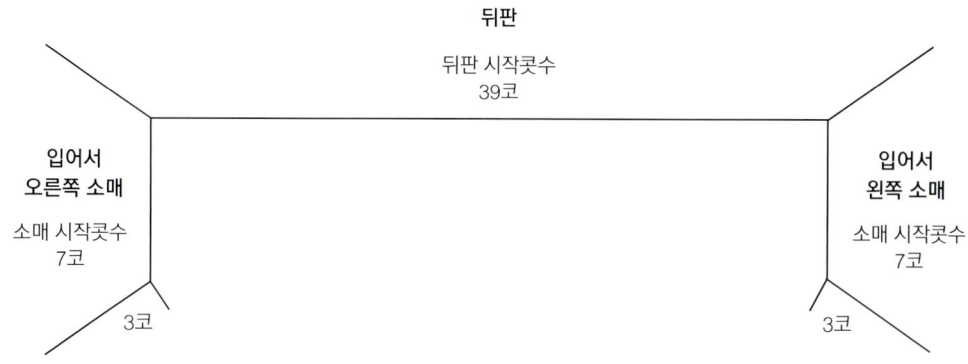

최종적으로 필요한 콧수는 앞판 시작콧수 3코+입어서 오른쪽 소매 시작콧수 7코+뒤판 시작콧수 39코+입어서 왼쪽 소매 시작콧수 7코+앞판 시작콧수 3코=59코이다. 59코를 잡고 아래 그림처럼 4개의 래글런선 위치에 마커를 끼운다.

앞판 ▼	소매 ▼	뒤판	▼ 소매	▼ 앞판
3코	7코	39코	7코	3코

래글런선을 기준으로 좌우 대칭으로 1코 교차무늬가 들어간다. 코늘림은 교차무늬의 좌우에서 한다.

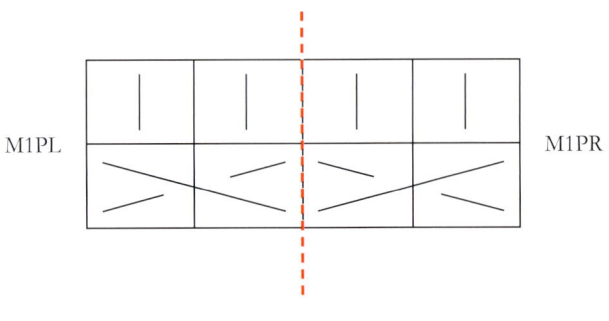

래글런선을 기준으로 좌우 대칭 무늬

M1PR_ 코 사이에 걸친 바를 오른쪽으로 기울어지게 들어 올려 안뜨기로 늘린다.

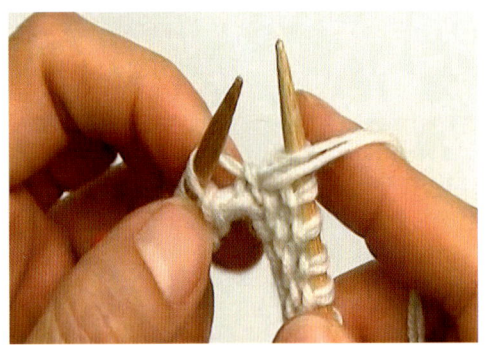 

왼쪽 바늘로 교차무늬와 교차무늬 앞코 사이에 있는 걸친 실을 뒤에서 앞으로 걸어 올린다.

걸어 올린 코의 앞부분을 안뜨기로 뜬다.

M1PL_ 코 사이에 걸친 바를 왼쪽으로 기울어지게 들어 올려 안뜨기로 늘린다.

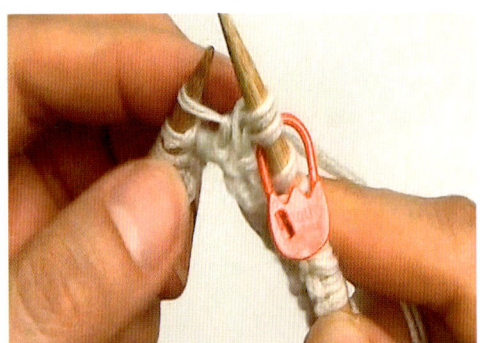 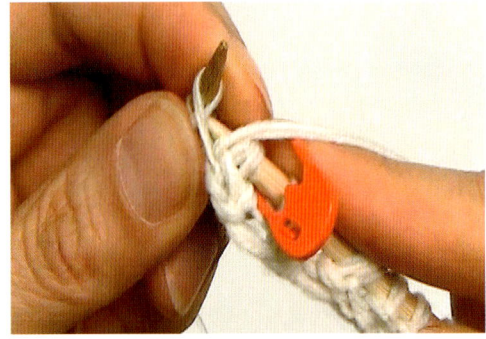

왼쪽 바늘로 교차무늬와 교차무늬 다음코 사이의 걸친 실을 앞에서 뒤로 걸어 올린다.

걸어 올린 코의 뒷부분을 안뜨기로 뜬다.

STEP 8 V네크라인 만들기

SAMPLE 2는 래글런선 무늬뜨기, V네크라인, 래글런선 코늘림을 동시에 진행한다. 먼저 V네크라인을 어떻게 뜰지 계산해보자. 현재 바늘에 걸려 있는 앞판 시작콧수는 좌우 각각 3코로 총 6코이다. 앞판에 필요한 콧수는 뒤판과 동일한 39코. 걸려 있는 콧수와 필요한 콧수의 차이가 V네크라인을 만들면서 늘려야 할 콧수이다. V네크라인은 좌우에서 코를 늘려야 하므로 늘릴 콧수를 2로 나누면 늘릴 횟수가 된다.

> **V네크라인 코늘림 횟수 = (뒤판콧수 − 바늘에 걸린 앞판콧수) ÷ 2**

SAMPLE RULE

V네크라인 코늘림 횟수 = (39 코 − 6 코) ÷ 2 = 16.5 회

- 뒤판콧수(=앞판콧수) ············· 39코
- 현재 걸려 있는 앞판콧수 ········ 6코

FOR MYSELF

V네크라인 코늘림 횟수 = (☐ 코 − ☐ 코) ÷ 2 = ☐ 회

- 뒤판콧수(=앞판콧수) ············· ☐코
- 현재 걸려 있는 앞판콧수 ········ ☐코

- 필요한 앞판콧수가 홀수라면 나누어 떨어지지 않으므로, 좌우에 16코씩 늘려 네크라인을 만든다.
- 환편으로 만들면서 중심에서 1코를 늘린다.
- 필요한 앞판콧수가 짝수라면 중심1코를 만들지 않고 바로 환편뜨기로 시작한다.

어깨넓이가 될 때까지 래글런선은 2단에 1번씩, V네크라인은 4단에 1번씩 코늘림을 한다.

래글런선은 18번의 코늘림을 하여 어깨넓이가 되었다. 2단에 1번씩 늘렸으니 36단이다. V네크라인은 36단을 뜨는 동안 4단에 1번씩 9회 코늘림을 했다. 어깨선 이후부터 V네크라인은 늘릴 횟수가 될 때까지 2단에 1번씩 코늘림을 한다.

SAMPLE RULE

남은 코늘림 횟수 = ⬜16⬜ 회 - ⬜9⬜ 회 = ⬜7⬜ 회

⬜7⬜ 회를 2단에 1번씩 코늘림

- V네크라인 코늘림 횟수 ·········· 16회
- 어깨넓이까지 코늘림한 횟수 ······ 9회

FOR MYSELF

남은 코늘림 횟수 = ⬜⬜ 회 - ⬜⬜ 회 = ⬜⬜ 회

⬜⬜ 회를 2단에 1번씩 코늘림

- V네크라인 코늘림 횟수 ·········· ⬜⬜ 회
- 어깨넓이까지 코늘림한 횟수 ······ ⬜⬜ 회

V네크라인을 뜨는 데 4단에 1번씩 9회 코늘림, 2단에 1번씩 7회 코늘림하여 모두 50단을 떴다. V네크라인 코늘림이 끝나면 중심1코를 감아코로 만들고 그 이후부터는 환편뜨기를 한다.

중심1코를 감아코로 만든다.

이제부터는 환편뜨기로 뜬다.

남은 래글런선의 코늘림은 STEP 9에서 계산해보자.

STEP - UP

SAMPLE 2는 래글런과 V네크라인의 개념을 익히는 데 중점을 두었기 때문에 V네크라인의 깊이는 기본형으로 잡았다. V네크라인의 깊이를 달리하면 디자인이 다양해진다.

또한, 네크라인을 완성한 다음 계속해서 평면뜨기로 뜨면 앞에 여밈이 있는 카디건 스타일이 된다. 카디건은 일반적으로 스웨터보다 네크라인이 깊다. 남성 V네크라인 카디건은 진동깊이까지 네크라인을 뜨는 경우가 많다. 여성 V네크라인 카디건은 남성용보다 더 깊게 V네크라인을 판다.

SAMPLE 2를 V네크라인 카디건으로 뜬다면, V네크라인 코늘림 16회에 시접1코를 더해서 17회를 늘린다.

앞목 깊이는 진동길이와 같은 23cm 64단으로 계산해보자.

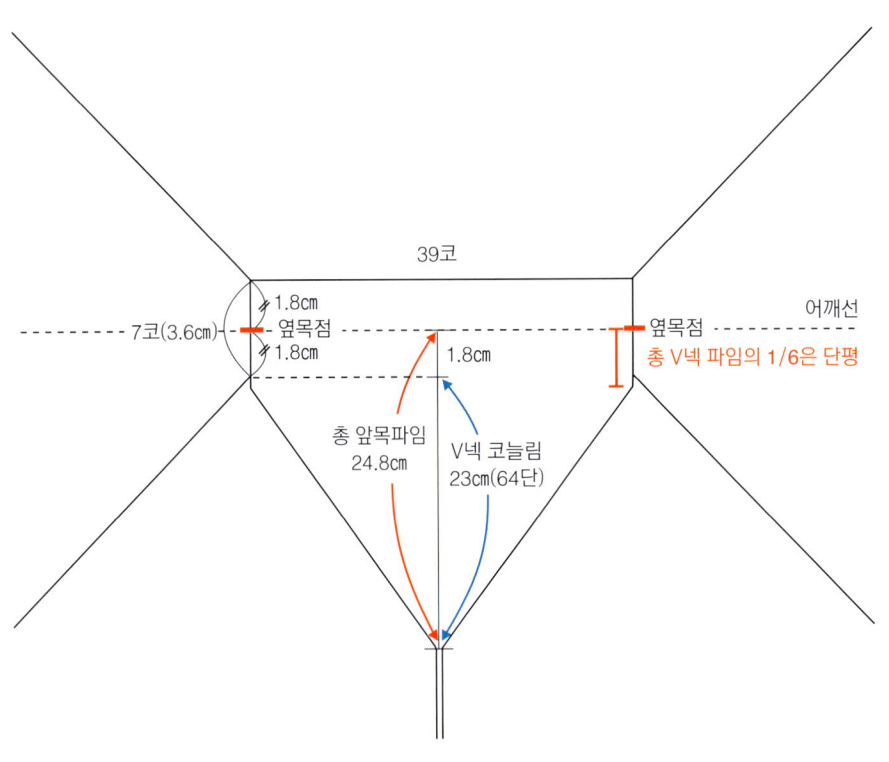

소매 7코(3.6cm)의 반이 옆목점이다.

V네크라인의 파임은 옆목점에서 시작된다.

래글런 시작선에서부터의 파임이 23cm.

옆목점에서 래글런선까지는 소매 7코(3.6cm)의 1/2인 1.8cm.

그러므로

총 앞목파임은 23cm+1.8cm=24.8cm.

총 앞목파임의 1/6은 단평으로 뜬다.

24.8cm÷6=4.1cm

총 앞목파임에서 단평으로 뜰 치수를 빼면 코늘림해야 하는 치수가 나온다.

24.8cm-4.1cm=20.7cm

이 치수에 단수 게이지를 곱한다.

20.7cm×2.8단=57.96단→58단

결과적으로 58단을 뜨면서 17코를 늘린다.

카디건은 평면뜨기이므로 짝수단에서만 코늘림하는 것이 좋다.

짝수단 계산법으로 계산하면,

58단÷2=29단

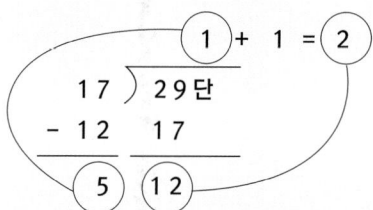

짝수단으로 계산한 것을 원래대로 환산하면,

2-1-12→4-1-12

1-1-5→2-1-5가 된다.

단수가 작은 단을 V네크라인의 아래쪽에, 단수가 많은 단을 위쪽에 쓴다.

64단 중 58단을 코늘림하니 6단은 단평으로 뜬다.

V네크라인 코늘림을 정리하면 다음과 같다.

```
          ↑   1단평
              2-1-4
    +17코     4-1-12
              7-1-1
```

STEP 9 래글런선 코늘림 하기

SAMPLE 2는 18번의 코늘림으로 어깨넓이가 되었다. 단수는 2단에 1번씩 늘려 36단이다. 진동길이는 23㎝ 64단. 64단에서 지금까지 뜬 단수를 빼면 더 떠야 할 단수이다. 전체 늘릴 횟수는 24회. 24회에서 지금까지 늘렸던 횟수를 빼면 더 늘려야 할 횟수가 나온다. 더 떠야 할 단수를 더 늘려야 할 횟수로 나누면 몇 단에 1번씩 코늘림을 해야 하는지를 알 수 있다.

SAMPLE RULE

진동길이   23 ㎝   64 단
코늘림 횟수   24 회

- 어깨까지 코늘림 18회, 36단
- 더 떠야 할 단수 …… 64단 - 36단 = 28단
- 더 늘려야 할 횟수 … 24회 - 18회 = 6회
- 28단 ÷ 6회 = 4.6단
- 4단마다 코늘림을 6회 한다.
- 4단 × 6회 = 24단
- 28단 - 24단 = 4단
- 남은 4단은 단평으로 뜬다.

FOR MYSELF

진동길이   ㎝   단
코늘림 횟수   회

- 어깨까지 코늘림 □회, □단
- 더 떠야 할 단수 …… □단 - □단 = □단
- 더 늘려야 할 횟수 … □회 - □회 = □회
- □단 ÷ □회 = □단
- □단마다 코늘림을 □회 한다.
- □단 × □회 = □단
- □단 - □단 = □단
- 남은 □단은 단평으로 뜬다.

SAMPLE 2는 4단마다 코늘림 6회를 하고, 4단평을 떴다.

아래는 소매와 몸판을 분리하기 전에 지금까지 뜬 내용을 정리한 그림이다.

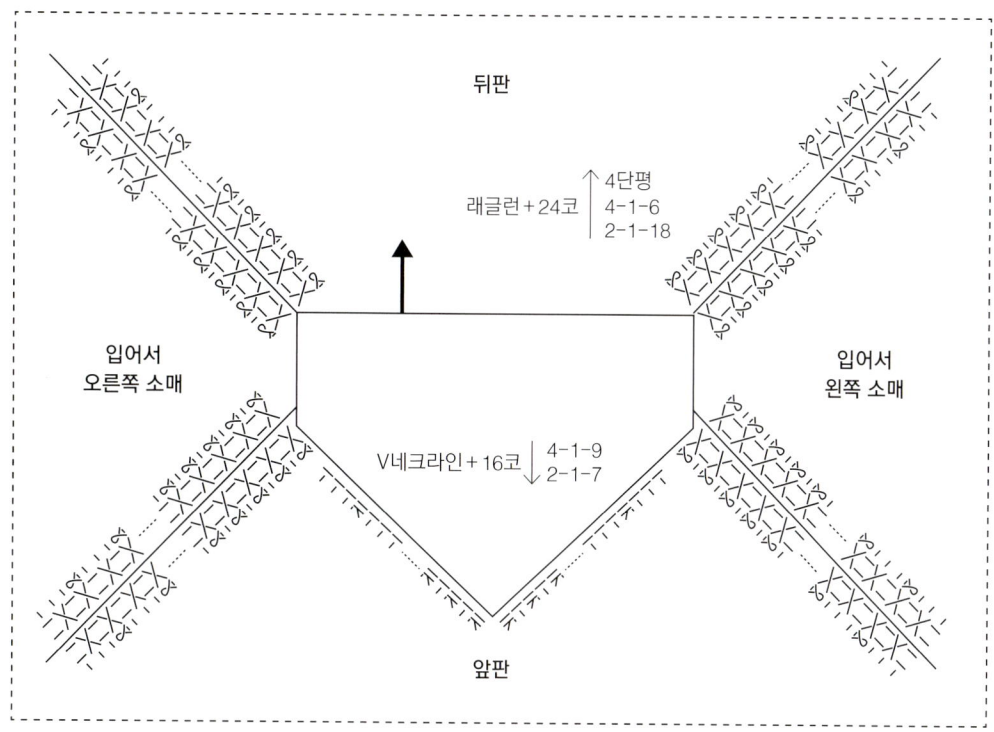

STEP - UP

EPS *에서 진동길이는 몸통둘레 [K]의 25%이다. EPS는 절대적이지 않고 단지 가이드 라인이다. 개인 취향이나 체형에 따라 조절할 수 있다.

* p.11~12 참고.

먼저 래글런선을 2단에 1번씩 코늘림하여 어깨 넓이까지 뜬다.
사진처럼 어깨까지 뜬 래글런선의 끝에서 원하는 진동길이까지의 길이를 잰다.
편안한 스타일은 진동길이를 길게, 슬림한 스타일은 진동길이를 짧게 한다.
이 길이에 단수 게이지를 곱한다.
이 단수를 더 늘려야 할 횟수로 나누면, 몇 단에 1번씩 코늘림을 해야 할지를 알 수 있다.

STEP 10 몸판과 소매 분리하기

목둘레에서 59코로 시작하여 V네크라인과 래글런선 코늘림을 한 다음 바늘에 걸려 있는 전체콧수는 284코이다.

> **최대콧수 = 59코 + V네크라인 코늘림 33코 + 래글런선 코늘림 192코 = 284코**

이제 몸판과 소매를 분리한다. 분리는 환편뜨기의 시작위치★(BOR=Begin Of Round)에서 시작한다. V넥 래글런 스타일의 BOR은 앞판 중심이다.

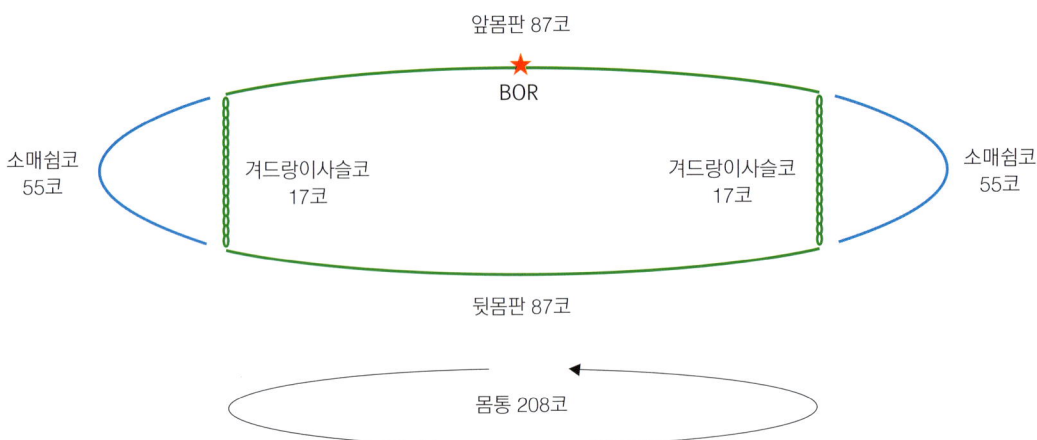

1. 입어서 왼쪽 앞판을 뜨고, 소매에 해당하는 55코를 버림실에 옮겨둔다.
2. 별도의 버림실로 겨드랑이콧수(17코)만큼 사슬코를 만든다.
3. 몸판에 연결된 실로 **2**의 사슬코에서 17코를 안뜨기방향으로 줍는다.
4. 뒤판 87코를 뜬다.
5. **2**, **3**을 반복한다.
6. 입어서 오른쪽 앞판을 뜬다.
7. 겨드랑이 17코＋뒤판 87코＋겨드랑이 17코＋앞판 87코＝208코. 바늘에 걸린 몸판콧수는 208코이다.

돗바늘에 버림실을 끼워 소매콧수를 옮겨 놓는다.

사슬코에서 겨드랑이콧수를 줍는다.

몸통은 환편이 되고, 콧수는 208코이다.

STEP 11

몸판 뜨기

1. 바늘에 걸린 208코를 원하는 몸판 길이에서 마무리단 높이를 뺀 길이만큼 환편뜨기로 뜬다. SAMPLE 2는 36.5㎝ 102단을 떴다.
2. 1호 작은 바늘(4㎜)로 에메랄드그린색실 2겹을 1×1고무단으로 5㎝ 14단을 뜬다.
3. 짐머만식 코막음(outline stitch cast off)으로 밑단을 마감한다. 짐머만식 코막음은 일반코 잡기와 비슷한 정도의 신축성과 모양을 갖고 있어서 톱다운 스웨터의 밑단을 마감할 때 많이 사용한다. 마감은 겉면을 보고 왼쪽에서 오른쪽방향으로 한다. 마감하고자 하는 폭의 3.5배의 실을 남기고 자른 후 돗바늘을 끼운다.

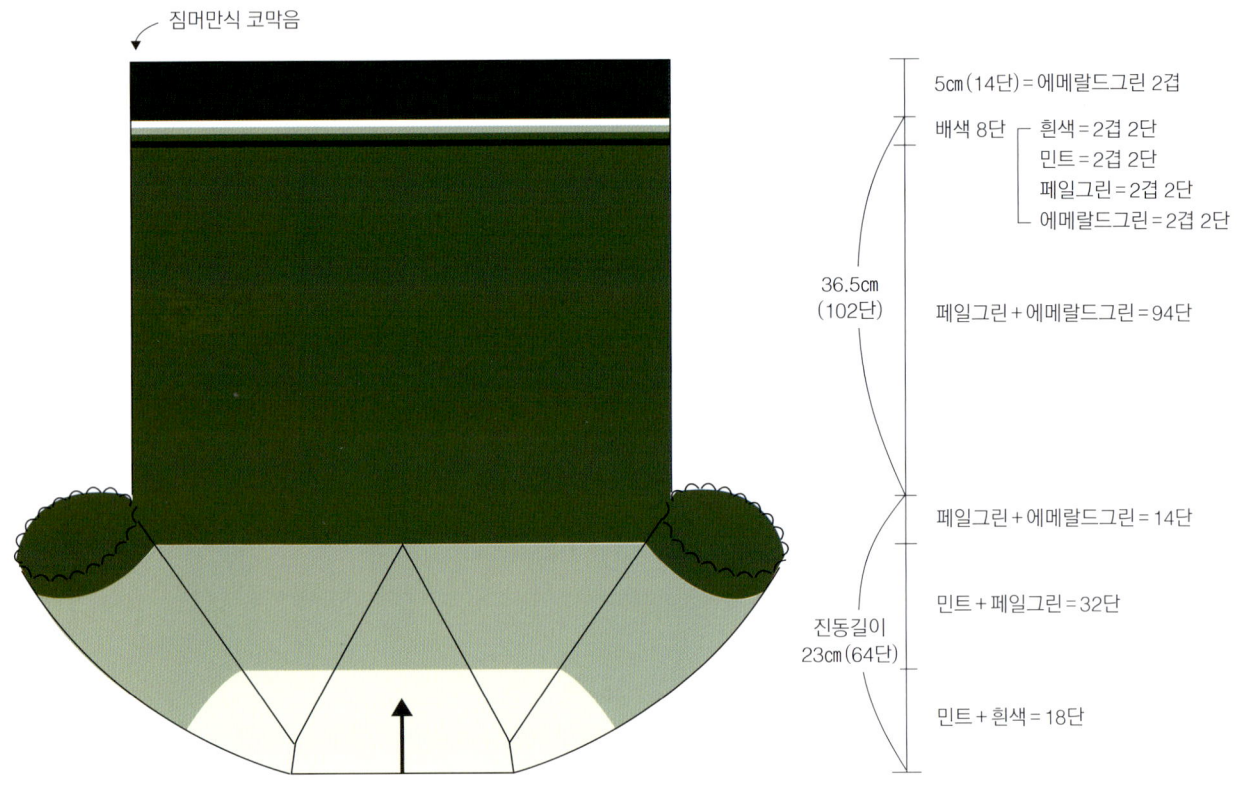

① 2번째 코 앞에서 뒤로 돗바늘을 끼운다.   ② 1번째 코 뒤에서 앞으로 돗바늘을 끼운다.   ③ 실을 바늘 위에 두고 1번째 코를 대바늘에서 뺀다. ①, ②, ③을 반복한다.

완성된 마감.

STEP 12 소매 뜨기

1. 버림실에 옮겨두었던 소매 55코를 바늘에 옮긴다.
2. 버림실로 뜬 몸판의 겨드랑이 17코의 사슬을 풀어 바늘에 옮긴다. 떠가는 방향이 반대이기 때문에 양쪽 가장자리에 반 코가 생겨 걸어 올린 콧수는 18코가 된다.
3. 겨드랑이콧수의 반을 왼쪽 바늘에 옮긴다.

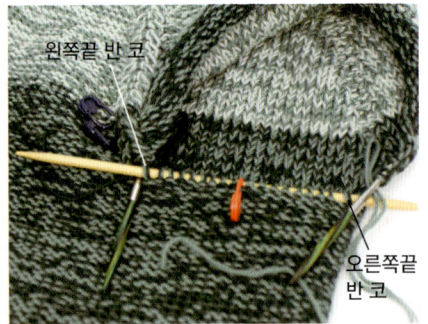

겨드랑이사슬코를 풀어 바늘에 옮긴다.

양옆에 반 코가 생겨서 걸어 올린 콧수는 겨드랑이 콧수보다 1코가 많은 18코이다.

겨드랑이코의 중심에 새 실을 연결하여 소매뜨기를 시작한다.

겨드랑이의 왼쪽끝 반 코와 소매 첫 코를 안뜨기로 뜬다.

소매의 마지막코와 겨드랑이의 오른쪽끝 반 코를 안뜨기로 뜬다.

4. 겨드랑이의 중심에 새 실을 연결하여 안뜨기를 뜬다.
5. 겨드랑이의 왼쪽끝 반 코는 소매 첫 코와 왼코겹치기로 같이 떠서 구멍이 생기는 것을 방지한다.
6. 소매의 마지막코는 겨드랑이의 오른쪽끝 반 코와 오른코겹치기로 떠서 구멍이 생기는 것을 방지한다. 결과적으로 겨드랑이 17코 중 1코는 좌우 반 코씩이 소매와 함께 떠서 없어지고 소매둘레콧수는 71코가 된다.

7 소매부리는 [K]의 25%인 26㎝ 51코이다. 소매와 몸판을 분리한 후의 소매둘레콧수는 71코이다. 소매둘레콧수에서 소매부리콧수를 빼면 소매배래에서 줄일 콧수가 된다. 소매배래선의 중심2코를 기준으로 좌우에서 줄이므로, 줄일 콧수를 2로 나누면 코줄임 횟수가 된다.

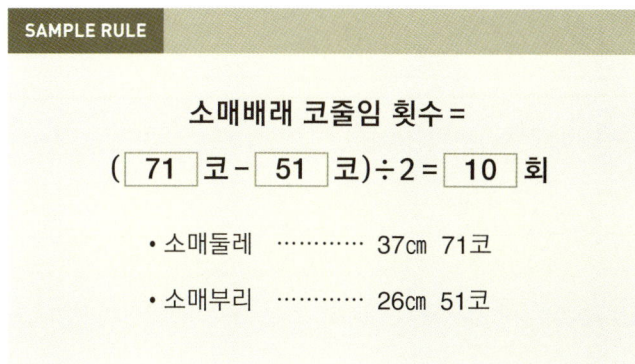

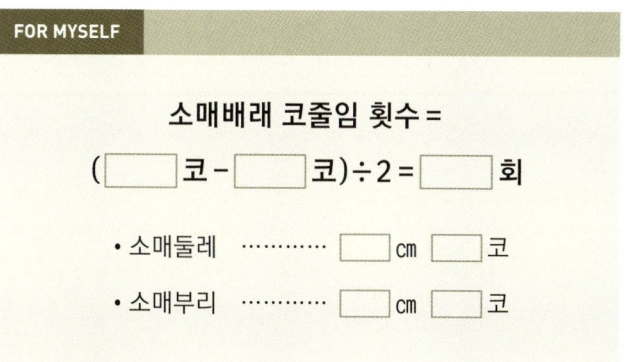

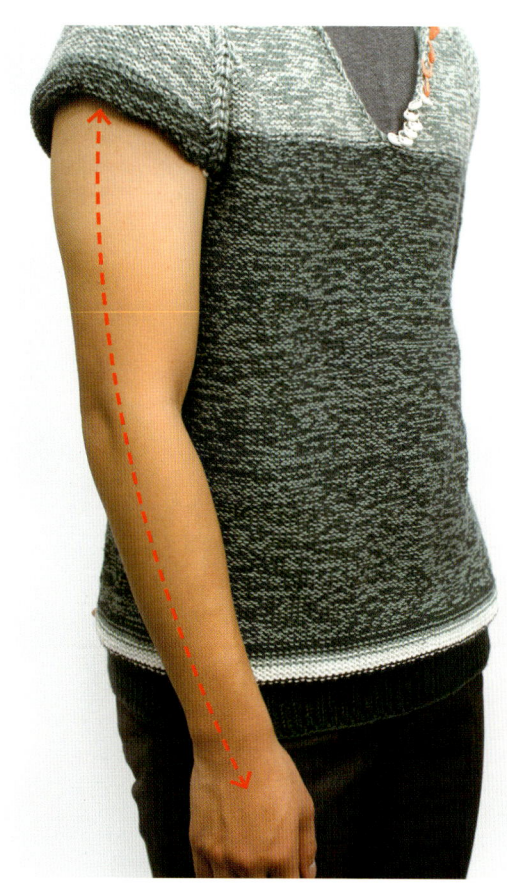

진동선에서 원하는 소매길이까지를 줄자로 잰다.

8 SAMPLE 2의 진동에서 소매까지 필요한 길이는 49㎝. 이 중 5㎝를 마무리단으로 뜬다.

49㎝ − 5㎝ = 44㎝

44㎝에 단수 게이지를 곱하면 코줄임을 하면서 떠야 할 단수가 된다.

SAMPLE RULE

코줄임하면서 떠야 할 단수 = (49 ㎝ − 5 ㎝) × 2.8 단 = 123 단

- 필요한 소매길이 ………… 49㎝
- 마무리단 ………… 5㎝
- 단수 게이지 ………… 2.8단

FOR MYSELF

코줄임하면서 떠야 할 단수 = (☐ ㎝ − ☐ ㎝) × ☐ 단 = ☐ 단

- 필요한 소매길이 ………… ☐ ㎝
- 마무리단 ………… ☐ ㎝
- 단수 게이지 ………… ☐ 단

123단을 뜨면서 코줄임을 10회 한다. 환편뜨기를 하므로 짝수단 계산법이 필요 없다. 마지막 코줄임을 하고 고무단을 뜨기 전에 단평이 있으므로 전체단수를 11로 나눈다.

SAMPLE RULE

123 단 ÷ 11 회 = 11.18 단

- 11단마다 코줄임 10회를 하고 남은 13단은 단평으로 뜬다.

FOR MYSELF

☐ 단 ÷ ☐ 회 = ☐ 단

- ☐ 단마다 코줄임 ☐ 회를 하고 남은 ☐ 단은 단평으로 뜬다.

SAMPLE 2는 소매배래 중심2코를 사이에 두고 왼코겹치기와 오른코겹치기로 코줄임을 하였다.

9 1호 작은 바늘(4mm)로 1×1 고무단을 5cm 14단을 뜬 다음, 밑단과 같은 방법으로 코막음을 한다.

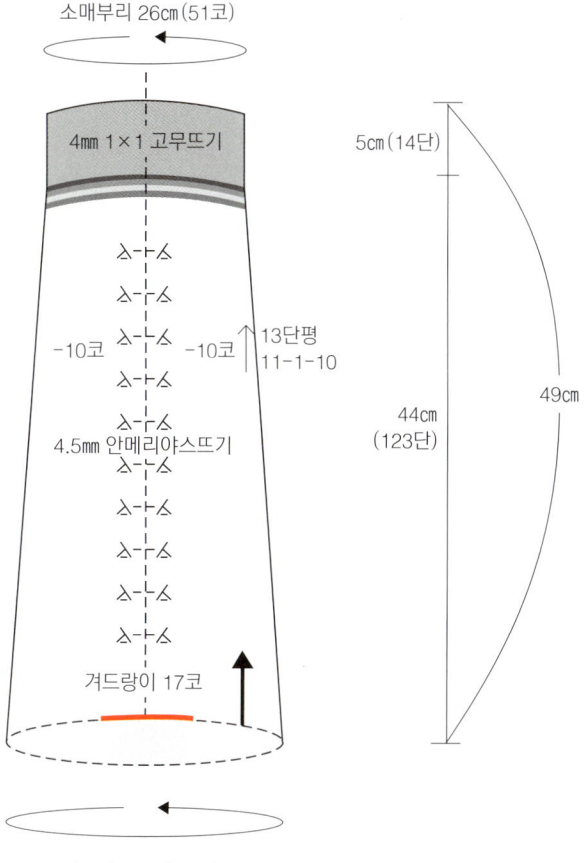

완성된 마감.

STEP 13

목선 마무리단 뜨기

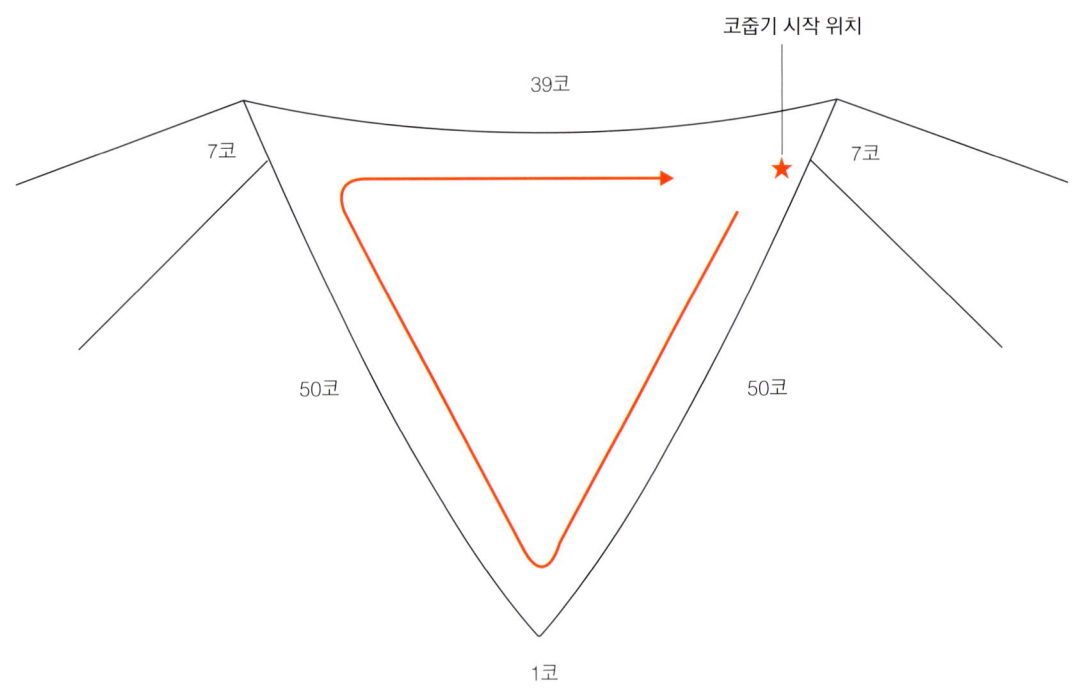

1. **앞목선 코줍기**

    몸판보다 1호 작은 바늘(4㎜)과 흰색실 2겹으로, 입어서 앞판 왼쪽 래글런선에서부터 오른쪽 래글런선까지 단마다 코를 줍는다. 중심1코를 포함하여 101코를 줍는다.

2. **소매와 뒷목선에서 코줍기**

    소매부분과 뒷목부분은 코마다 코를 줍는다. 소매 7코＋뒤판 39코＋소매 7코＝53코.

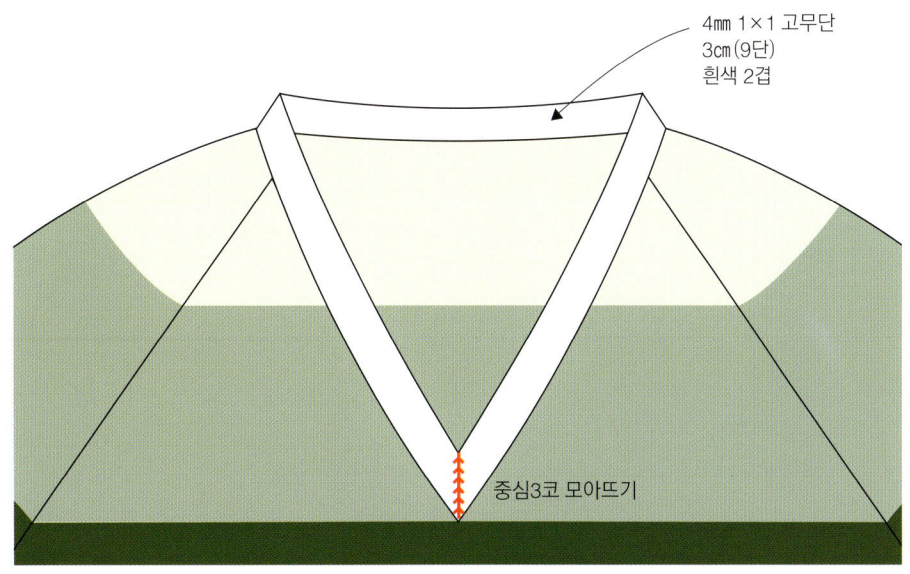

목둘레의 총 콧수는 154코이다. V넥 중심에서 단마다 중심3코 모아뜨기를 하면서 1×1 고무단으로 3㎝ 9단을 뜬 다음 돗바늘을 이용하여 고무단 코막음을 한다.

SAMPLE 3

YOKE STYLE
요크 스타일

가로패턴무늬 스웨터

요크 스타일은 소매와 몸판에 경계선이 없어서 요크 부분에 가로 또는 세로무늬가 깨지지 않고 아름답게 표현되는 것이 가장 큰 매력이다. 늘려야 하는 콧수나 소매 분리 등 래글런 스타일과 비슷한 부분이 많다. 차이는 코늘림 위치와 방식이다. SAMPLE 3과 4에서는 가로패턴무늬 스웨터와 세로배색무늬 스웨터를 통해서 요크 스타일의 코늘림 위치와 방식에 대해서 알아보겠다.

SAMPLE 3에서는 가로로 패턴무늬가 들어간 디자인을 함께 계산하고 떠보자.

STEP 1 치수 정하기

SAMPLE 3은 10~11세 아동사이즈이다.
요크 스타일의 치수를 구하는데 기준이 되는 것은 가슴둘레이다. 여유분은 각자의 취향에 따라 달라질 수 있다. 아래 표의 계산을 참고하여 필요한 치수를 구한다.

SAMPLE RULE 가슴둘레 77 cm, 여유분 14 cm

Key Number [K] = 가슴둘레 77 cm + 여유분 14 cm = 91 cm

- 목 둘 레 = [K]의 45% *1 ……… 91cm × 0.45 = 40.95cm → 41cm
- 소매둘레 = [K]의 35~40% *2 …… 91cm × 0.35 = 31.85cm → 32cm
- 소매부리 = [K]의 25% *3 ………… 91cm × 0.25 = 22.75cm × 1.1 → 25cm
- 겨드랑이 = [K]의 8% ……………… 91cm × 0.08 = 7.28cm → 7cm
- 진동길이 = [K]의 22~25% *2 …… 91cm × 0.22 = 20.02cm → 20cm

*1 EPS는 머리가 작은 서양인 기준이므로, 동양인은 목둘레를 45%로 계산한다(p.11~12 참고).
*2 슬림한 소매와 잘 맞는 진동을 좋아하면 소매둘레는 35%, 진동길이는 22%로 계산한다.
   여유 있는 사이즈를 원하면 이보다 크게 계산한다.
*3 소매부리의 고무단 길이가 길어서 소매부리의 치수를 10%늘린다.
* 한번 떠본 후에는 어떤 치수가 자신에게 잘 맞는지 기억해두면 편리하다.

FOR MYSELF 가슴둘레 ☐ cm, 여유분 ☐ cm

Key Number [K] = 가슴둘레 ☐ cm + 여유분 ☐ cm = ☐ cm

- 목 둘 레 = [K]의 45% ………… ☐ cm × 0.45 = ☐ cm
- 소매둘레 = [K]의 35~40% …… ☐ cm × 0.35 = ☐ cm
- 소매부리 = [K]의 25% ………… ☐ cm × 0.25 = ☐ cm × 1.1 = ☐ cm
- 겨드랑이 = [K]의 8% …………… ☐ cm × 0.08 = ☐ cm
- 진동길이 = [K]의 22~25% …… ☐ cm × 0.22 = ☐ cm

STEP 2 게이지 계산하기

각 부위의 치수를 모두 구했으니 이번에는 게이지를 대입하여 필요한 콧수와 단수를 계산해보자. 샘플에 사용한 실은 「프랑스 필다르(PHILDAR)」사의 「필소프트(PHIL SOFT+)」이다. 4㎜ 대바늘로 메리야스뜨기를 떴을 때 10㎠에 들어가는 콧수는 24코, 단수는 34단이다. 10㎝에 24코가 들어간다는 것은 1㎝에 2.4코가 들어간다는 의미다. 가로에는 콧수를, 세로에는 단수를 곱하면 필요한 콧수와 단수를 구할 수 있다. 아래 표의 계산을 참고하여 자신의 게이지와 치수를 대입해서 필요한 콧수와 단수를 구한다.

SAMPLE RULE 게이지 4 ㎜, 24 코 34 단

Key Number [K] 91 ㎝ × 2.4 코 = 218.4 코 → 218 코

- 목둘레 시작콧수 ······ 41㎝ × 2.4코 = 98.4코 → 98코
- 소매둘레 ············ 32㎝ × 2.4코 = 76.8코 → 76코
- 소매부리 ············ 25㎝ × 2.4코 = 60코
- 겨드랑이 ············ 7㎝ × 2.4코 = 16.8코 → 17코
- 진동길이* ··········· 20㎝

* 진동길이는 패턴 중간에 가터뜨기가 들어가기 때문에 메리야스 게이지로 계산할 수 없으므로, 요크 무늬뜨기에서 따로 설명한다.

FOR MYSELF 게이지 ☐㎜, ☐코 ☐단

Key Number [K] ☐㎝ × ☐코 = ☐코

- 목둘레 시작콧수 ······ ☐㎝ × ☐코 = ☐코
- 소매둘레 ············ ☐㎝ × ☐코 = ☐코
- 소매부리 ············ ☐㎝ × ☐코 = ☐코
- 겨드랑이 ············ ☐㎝ × ☐코 = ☐코
- 진동길이 ············ ☐㎝

계산한 치수와 콧수를 그림에 옮기면 다음과 같다.

FOR MYSELF

STEP 3

최대콧수 정하기

꼭 기억해야 할 POINT

목선에서 시작해서 코늘림을 하여 진동길이 만큼 떴을 때, 몸판과 소매를 분리하기 전의 콧수를 「최대콧수」라고 한다. 몸판과 소매를 분리하면서 겨드랑이를 좌우 몸판과 소매에서 만들어준다. 그러므로 몸통콧수(Key Number)에 앞뒤 2장의 소매둘레콧수를 더한 후, 4배의 겨드랑이콧수(양쪽 몸통 겨드랑이, 양쪽 소매 겨드랑이)를 빼주어야 최대콧수가 된다.

최대콧수 = Key Number [K] + (2 × 소매둘레콧수) − (4 × 겨드랑이콧수)

최대콧수는 래글런 스타일이나 요크 스타일 모두 같다. 계속 활용해야 하니 잘 기억해둔다. 앞에서 계산한 각 부위별 콧수로 최대콧수를 계산하면 다음과 같다. 아래 표에 자신의 콧수로 최대콧수를 구한다.

SAMPLE RULE

최대콧수* = 218 코 + (2 × 76 코) − (4 × 17 코) = 302 코

- Key Number [K] ········ 218코
- 소매둘레 ············· 76코
- 겨드랑이 ············· 17코

* 최대콧수는 무늬 맞춤을 위해 조정될 수 있다. 최대콧수의 조정은 STEP 5에서 해보자.

FOR MYSELF

최대콧수 = ☐ 코 + (2 × ☐ 코) − (4 × ☐ 코) = ☐ 코

- Key Number [K] ········ ☐코
- 소매둘레 ············· ☐코
- 겨드랑이 ············· ☐코

계산한 최대콧수를 그림에 옮기면 다음과 같다.

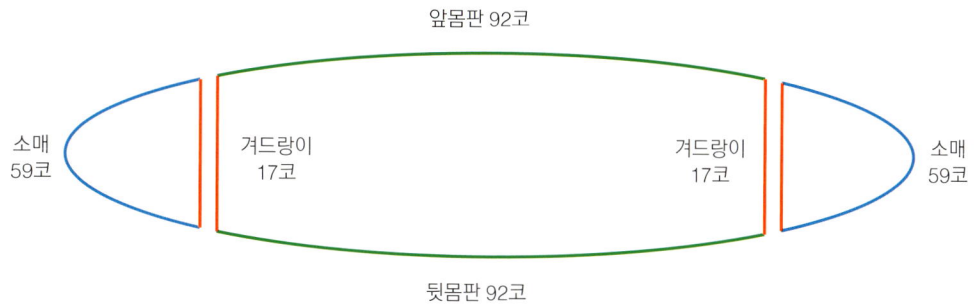

최대콧수 = 앞몸판 92 코 + 소매 59 코 + 뒷몸판 92 코 + 소매 59 코 = 302 코

FOR MYSELF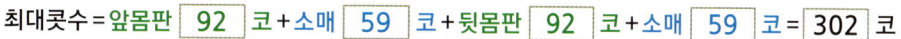

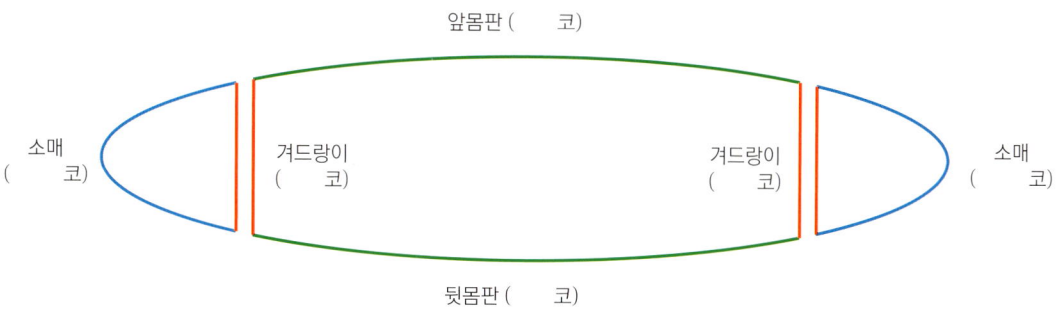

최대콧수 = 앞몸판 ☐ 코 + 소매 ☐ 코 + 뒷몸판 ☐ 코 + 소매 ☐ 코 = ☐ 코

STEP 4 목밴드와 뒷목세움 분량 뜨기

1. 몸판보다 1호 작은 대바늘(3.5㎜)로 98코를 일반코잡기 한다.
2. 5㎝ 17단을 1×1 고무단으로 뜬다.

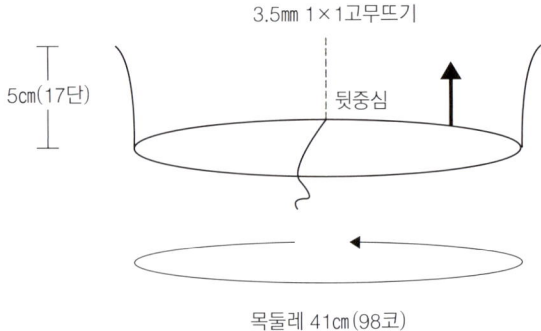

3. 전체콧수를 2등분하여 앞판과 뒤판의 경계에 마커를 끼워 표시한다. 환편뜨기의 시작위치★(BOR=begin of round)는 뒷중심이 된다.

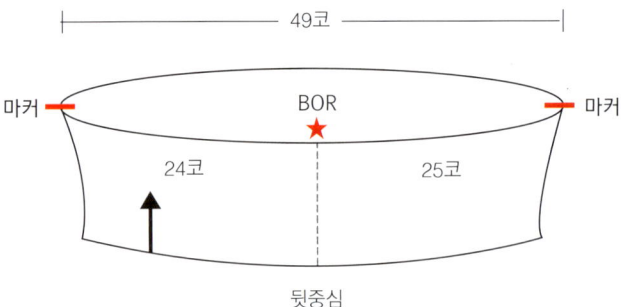

꼭 기억해야 할 POINT

뒷목세움 분량 만들기

요크 스타일에서는 코늘림 계산만큼이나 중요한 것이 「되돌아뜨기로 뒷목세움 분량을 만드는 것」이다. 인체가 앞쪽으로 굽은 형태이기 때문에 앞판보다 뒤판이 더 길어야 한다. 뒷목세움 분량을 만들지 않으면 앞목선이 위로 올라와서 몹시 답답하고 불편한 옷이 된다. 이를 방지하기 위해서 뒷목세움 분량만큼 뒤판을 길게 떠야 한다. 앞판은 그대로 두고 뒤판만 되돌아뜨기를 이용하여 높게 만든다. 뒷목부분이 높아지면 앞목부분은 자연스럽게 라운드 커브가 생긴다.

1. 뒷목을 세우는 위치

뒷목세움 분량을 만들어주는 위치는 그림처럼 3곳이다.

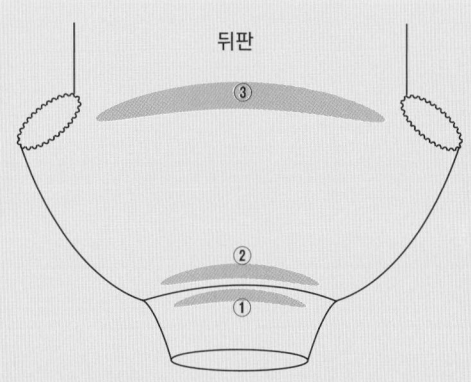

① 목밴드 분량이 5cm 이상일 때 사용한다.

　목밴드 분량을 모두 뜬 다음 1번째 코늘림 직전에 되돌아뜨기를 한다. 밴드 분량이 작을 때 사용하면 앞뒤 밴드 높이의 차이가 많아져 자연스럽지 않다.

② 가장 많이 사용하는 방법으로 1번째 코늘림을 한 다음, 무늬가 들어가기 전에 되돌아뜨기를 한다.

③ 몸판과 소매를 분리하기 직전에 되돌아뜨기를 한다. 목선에 라운드 커브를 만들지 못하기 때문에 단독으로는 잘 사용하지 않고 ①, ②를 할 때 보조적으로 함께 쓰이기도 한다.

SAMPLE 3에서는 ①의 방법으로, SAMPLE 4에서는 ②의 방법으로 목선을 만든다.

2. 뒷목세움 분량의 되돌아뜨기 횟수와 콧수

뒷목세움 분량은 어깨경사 높이를 기준으로 한다. 일반적으로 어깨경사는 2~3.5cm이다. 되돌아뜨기도 이 높이에 맞춘다.

예)　　SAMPLE 3 = 어깨경사 2.5cm, 게이지 24코 34단

　　　　2.5cm × 3.4단 = 8.5단 → 8단

　　　　2단에 1번씩 되돌아뜨기를 하므로 8단 ÷ 2단 = 4회.

　　　　되돌아뜨기 = 4회

1번째 되돌아뜨기는 앞판과 뒤판의 경계인 어깨선에서 한다.

뒤돌아뜨는 콧수는 되돌아뜨기 위치 ①의 경우에는 목밴드 시작코의 1/12이다.

목밴드 시작코 98코÷12＝8.16코→8코

1번째 되돌아뜨기는 어깨선에서 했으니 남은 3번은 콧수를 나누어 되돌아뜨기를 한다.

2-2-1

2-3-2

되돌아뜨기 위치 ②의 경우에는 1번째 코늘림을 한 콧수의 1/12을 되돌아뜨기 한다.

1번째 코늘림은 목둘레 시작콧수의 50%를 늘려준다.

98코×1.5＝147코

147코÷12＝12.25코→12코

1번째 되돌아뜨기는 어깨선에서 했으니 3번에 나누어 되돌아뜨기를 한다.

2-4-3

되돌아뜨기 방법에는 여러 가지가 있으므로 각자 편한 방법을 선택한다. 저는 마커를 걸면서 하는 일본식 되돌아뜨기(Japanese short row)를 주로 사용하는데, 이유는 반대편 마지막 되돌아뜨기의 정리단을 뜰 때 정리해야 할 위치를 잘 찾을 수 있기 때문이다.

뒷목세움 분량 되돌아뜨기

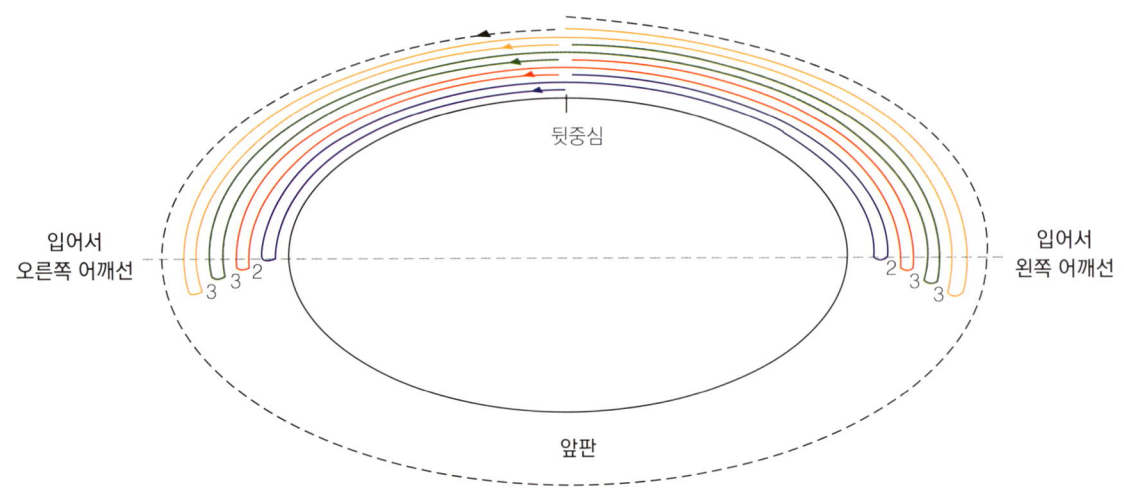

4 뒷중심에서 시작하여 처음 만나는 마커에서 되돌아 뜬다.
1×1 고무단을 유지하면서 되돌아뜨기를 한다.

5 반대편 마커까지 뜨고 되돌아뜨기를 한다.

6 처음 되돌아 뜬 위치에서 되돌아뜨기를 정리하고, 정리한 코를 포함하여 2코를 더 뜨고 되돌아뜨기를 한다.

7 반대편도 같은 방법으로 되돌아뜨기를 한다.

8 같은 방법으로 좌우 대칭으로 3코씩 2번 되돌아뜨기를 한 후 뒷중심까지 뜬다.

9 뒷중심에서 시작하여 1바퀴 겉뜨기로 떠서 마지막 되돌아뜨기를 정리한다.
입어서 오른쪽은 원래 뜨던 방향으로, 입어서 왼쪽은 반대방향으로 되돌아뜨기가 정리된다.

목밴드 되돌아뜨기가 끝난 상태. 자연스러운 라운드 커브가 생긴다.

STEP 5 요크의 코늘림

요크 스타일에서 가장 중요한 요크의 코늘림에 대해 알아보고 함께 계산해보자.

꼭 기억해야 할 POINT

요크 스타일은 늘려야 하는 콧수, 소매 분리 방법이 래글런 스타일과 동일하다. 차이점은 「코를 늘리는 위치와 방식」이다. 또한, 코늘림 위치와 방식은 요크부분에 무늬가 가로로 놓이는지, 세로로 놓이는지에 따라 달라진다.

가로무늬

세로무늬

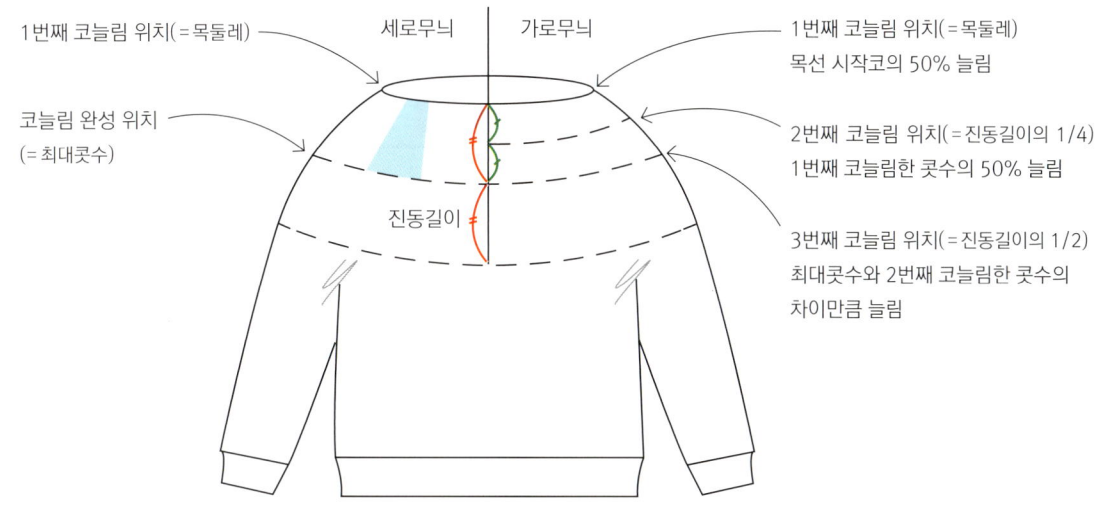

1번째 코늘림 위치와 코늘림의 완성 위치는 가로무늬, 세로무늬 모두 동일하다.
1번째 코늘림 위치는 목선이다. 1번째 코늘림에서는 목둘레 시작코의 50%를 늘려준다.
예를 들어, 목둘레 시작코가 100코라면, 50%를 늘려 150코가 된다.
100코×1.5=150코

코늘림의 완성 위치는 진동길이의 1/2이다. 단, 이 위치가 절대적이지는 않다. 뜨는 사람에 따라서 좀 더 아래까지 코늘림을 하는 경우도 있다. 코늘림 완성 위치에서 콧수는 최대콧수가 되어야 한다.

그 다음부터는 가로무늬, 세로무늬에 따라 늘리는 방식이 달라진다.

가로무늬

가로무늬는 1번째 코늘림과 코늘림 완성 위치의 1/2위치에서 2번째 코늘림을 한다. 이때도 1번째 코늘림한 콧수의 50%를 늘린다.
1번째 코늘림한 다음의 콧수가 150코이므로 50%인 75코를 늘리면 225코가 된다.
150코×1.5=225코

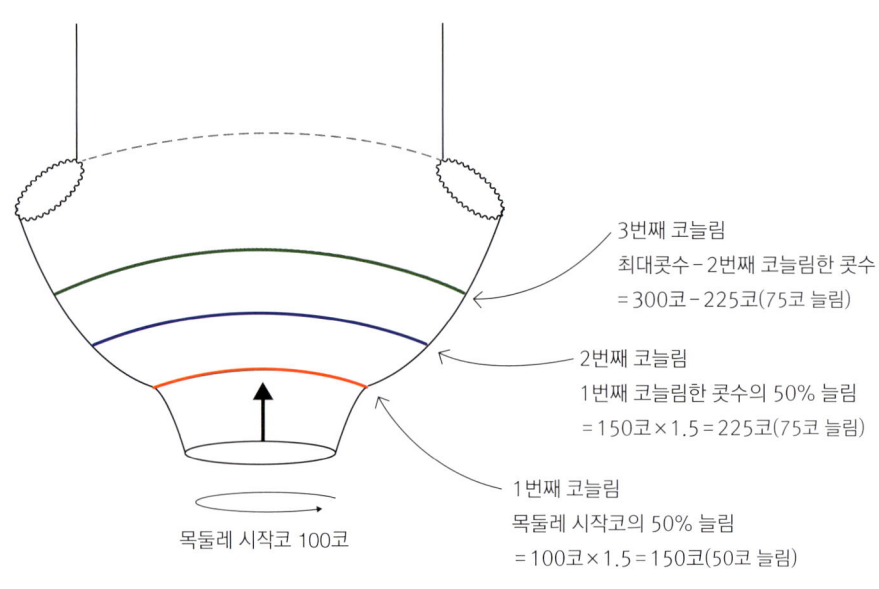

3번째 코늘림은 2번째 코늘림한 콧수와 최대콧수의 차이 만큼 늘려준다.

최대콧수가 300코라면 늘릴 콧수는 75코이다.

300코(최대콧수) − 225코(2번째 코늘림한 콧수) = 75코

각각의 코늘림은 그 위치에 놓이는 1개 무늬의 콧수에 따라 약간씩 조정될 수 있다.
콧수 조정은 SAMPLE 3의 패턴무늬를 계산하면서 함께 해보자.

세로무늬

세로무늬는 1번째 코늘림을 한 후, 세로무늬 1개가 몇 번 들어가는지 확인한다.

1번째 코늘림 콧수가 150코, 1개 무늬가 10코씩이면 전체에 15개의 무늬가 들어간다.

코늘림 완성 위치의 최대콧수가 300코이므로

300코 ÷ 15개 무늬 = 20코

즉, 1개 무늬의 콧수가 20코가 된다.

경우에 따라서 최대콧수에 몇 개의 무늬가 들어가는지를 먼저 결정하고 시작무늬의 콧수를 정할 수도 있다.

세로무늬는 1번째 코늘림에서 코늘림 완성 위치(=진동길이의 1/2)까지 10코였던 1개의 무늬를 코늘림하여 20코가 되게 늘린다.

예를 들어, 진동길이가 20㎝ 70단이면 1번째 코늘림을 하고 34단을 뜨면서 10코를 무늬의 좌우에서 대칭으로 늘린다. 코늘림을 한쪽에서만 하면 세로무늬가 휘어질 수 있다.

늘려주는 방법으로는, 무늬 크기는 고정시킨 채 무늬 사이의 콧수를 늘리는 방식, 무늬 크기가 커지는 방식, 이 2가지를 혼합하여 늘리는 방식 등이 있다.

무늬 사이의 간격 늘리기

무늬 크기 늘리기

무늬 크기와 무늬 사이의 간격 늘리기

무늬 1개의 크기가 커지는 세로배색무늬는 SAMPLE 4에서 떠보자.

SAMPLE 3에는 3개의 패턴무늬가 들어간다. 각 패턴무늬의 사이에는 가터뜨기 1㎝를 떠서 패턴 사이의 경계선을 만든다.

TIP

가로패턴무늬의 경우에는 코늘림 후 가터뜨기를 떠서 한꺼번에 여러 코를 늘려도 표시나지 않고 자연스럽게 패턴 사이의 경계를 만들어주는 방식을 많이 사용한다.

가로배색무늬의 경우에는 무늬가 깨지지 않게 단색으로 뜨면서 코늘림하는 방식을 많이 사용한다. 자연스럽게 위아래의 무늬에 경계가 생긴다.

— 패턴무늬 A

— 패턴무늬 B

— 패턴무늬 C

무늬와 무늬 사이에 가터뜨기를 뜬다.

배색무늬와 배색무늬 사이에 단색을 넣는다.

① 1번째 코늘림(1st increase)과 패턴무늬 A

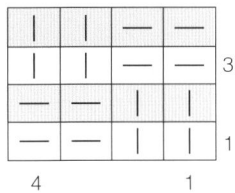

4코 4단 1무늬

목둘레 시작코는 41㎝ 98코. 몸판 바늘 4㎜를 사용한다.

1번째 코늘림은 시작코의 50%인 49코를 늘린다. 그럼 콧수가 147코가 된다.

98코×1.5=147코

1번째 코늘림 후 들어갈 무늬 A는 4코가 1무늬이다.

147코÷4코=36.75개

무늬가 깨지지 않게 들어가려면 무늬를 36개로 할지, 37개로 할지를 선택해야 한다.

SAMPLE 3에서는 37개 무늬를 선택했다.

37개 무늬×4코=148코

무늬를 맞추기 위해 147코를 148코로 수정한다.

늘려야 할 콧수는 148코－목둘레 시작콧수 98코=50코 이다.

50%를 늘릴 때는 2코마다 1코씩 늘려준다.

코를 늘리는 방법은 어떤 방법을 사용해도 상관없다. 각자 편한 방법을 선택하면 된다.

SAMPLE 3은 p.32의 바늘비우기를 이용하여 코늘림을 하고, 바늘비우기로 늘린 코를 다음 단에서 꼬아뜨는 방식으로 구멍이 생기지 않게 하였다.

코늘림을 포함하여 가터뜨기로 4단을 뜬다.

무늬뜨기 A로 4㎝ 14단을 뜬다.

② 2번째 코늘림(2nd increase)과 패턴무늬 B

1번째 코늘림한 콧수의 50%를 늘린다.

148코×1.5=222코

8코 16단 1무늬

TIP

만약 1개 무늬의 콧수가 많아서 무늬를 맞추기 위해 조정하는 콧수가 원래 필요했던 콧수보다 차이가 많이 난다면, 2번째 코늘림은 수정 전 콧수를 기준으로 50% 늘린다.

2번째 코늘림을 한 후 들어가는 패턴무늬 B는 8코가 1무늬이다.

222코÷8코=27.75개

무늬가 깨지지 않게 들어가려면 무늬를 27개로 할지, 28개로 할지를 선택해야 한다.

SAMPLE 3에서는 28개 무늬를 선택했다.

28개 무늬×8코=224코

무늬를 맞추기 위해 222코를 224코로 수정한다.

늘려야 할 콧수는 224코-1번째 코늘림한 콧수 148코=76코이다.

148코에서 76코를 늘려 224코를 만든다.

코늘림을 포함하여 가터뜨기로 4단을 뜬다.

무늬뜨기 B로 5㎝ 17단을 뜬다.

③ 3번째 코늘림(3rd increase)과 패턴무늬 C

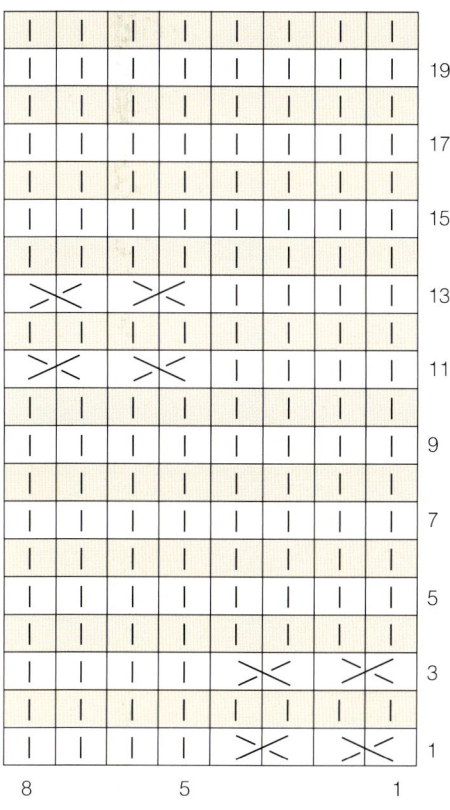

8코 20단 1무늬

3번째 코늘림은 최대콧수와 2번째 코늘림한 콧수의 차이만큼 늘려준다.
먼저 최대콧수의 수정이 필요한지 알아본다.
3번째 코늘림을 한 후 들어갈 패턴무늬 C는 8코 1무늬이다.
최대콧수는 p.82~83에서 계산해 놓은 302코이다.

302코 ÷ 8코 = 37.75개

무늬가 깨지지 않게 들어가려면 무늬를 37개로 할지, 38개로 할지를 선택해야 한다.
SAMPLE 3에서는 38개 무늬를 선택했다.

38개 무늬 × 8코 = 304코

무늬를 맞추기 위해 최대콧수 302코를 304코로 수정한다.
늘려야 할 콧수는 최대콧수 304코 − 2번째 코늘림 후 콧수 224코 = 80코이다.
224코에서 80코를 늘려 304코를 만든다.
코늘림을 포함하여 가터뜨기로 4단을 뜬다.
무늬뜨기 C로 9㎝ 30단을 뜬다.

TIP

하나의 단에서 여러 코를 늘리는 경우

224코에서 고르게 80코를 늘리려면 224코를 80코로 나눈다.
몫 2에 1을 더한 3과 나머지인 64가 짝이 된다. → 3코마다 늘리기 64회.
나누는 수 80에서 나머지 64를 뺀 16은 몫 2와 짝이 된다. → 2코마다 늘리기 16회.
고르게 늘리기 위해서 3-1-4, 2-1-1를 16회 반복하여 늘린다.

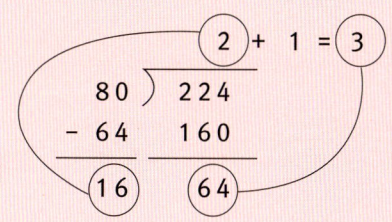

코늘림 정리

각자의 게이지와 치수를 대입하여 코늘림을 계산해보자.

SAMPLE RULE 목둘레 시작코 98 코

1번째 코늘림 = 목둘레 시작코의 50% 늘림
무늬 A = 4코 1무늬

- 98코 × 1.5 = 147코
- 147코 ÷ 4코 = 36.75개 → 37개 무늬 선택
- 37개 무늬 × 4코 = 148코
- 무늬를 맞추기 위해 147코를 148코로 수정

2번째 코늘림 = 1번째 코늘림한 콧수의 50% 늘림
무늬 B = 8코 1무늬

- 148코 × 1.5 = 222코
- 222코 ÷ 8코 = 27.75개 → 28개 무늬 선택
- 28개 무늬 × 8코 = 224코
- 무늬를 맞추기 위해 222코를 224코로 수정

3번째 코늘림 = 최대콧수와 2번째 코늘림한 콧수의 차이 만큼 늘림
무늬 C = 8코 1무늬

- 최대콧수 302코 ÷ 8코 = 37.75개 → 38개 무늬 선택
- 38개 무늬 × 8코 = 304코
- 무늬를 맞추기 위해 최대콧수를 302코에서 304코로 수정
- 304코 - 224코 = 80코 늘림

FOR MYSELF   목둘레 시작코 ☐ 코

1번째 코늘림 = 목둘레 시작코의 50% 늘림
무늬 A = 4코 1무늬

- ☐ 코 × 1.5 = ☐ 코
- ☐ 코 ÷ 4코 = ☐ 개 → ☐ 개 무늬 선택
- ☐ 개 무늬 × 4코 = ☐ 코
- 무늬를 맞추기 위해 ☐ 코를 ☐ 코로 수정

2번째 코늘림 = 1번째 코늘림한 콧수의 50% 늘림
무늬 B = 8코 1무늬

- ☐ 코 × 1.5 = ☐ 코
- ☐ 코 ÷ 8코 = ☐ 개 → ☐ 개 무늬 선택
- ☐ 개 무늬 × 8코 = ☐ 코
- 무늬를 맞추기 위해 ☐ 코를 ☐ 코로 수정

3번째 코늘림 = 최대콧수와 2번째 코늘림한 콧수의 차이 만큼 늘림
무늬 C = 8코 1무늬

- 최대콧수 ☐ 코 ÷ 8코 = ☐ 개 → ☐ 개 무늬 선택
- ☐ 개 무늬 × 8코 = ☐ 코
- 무늬를 맞추기 위해 최대콧수를 ☐ 코에서 ☐ 코로 수정
- ☐ 코 − ☐ 코 = ☐ 코 늘림

소매와 몸판을 분리하기 전에 지금까지 뜬 것을 그림으로 정리해보자.

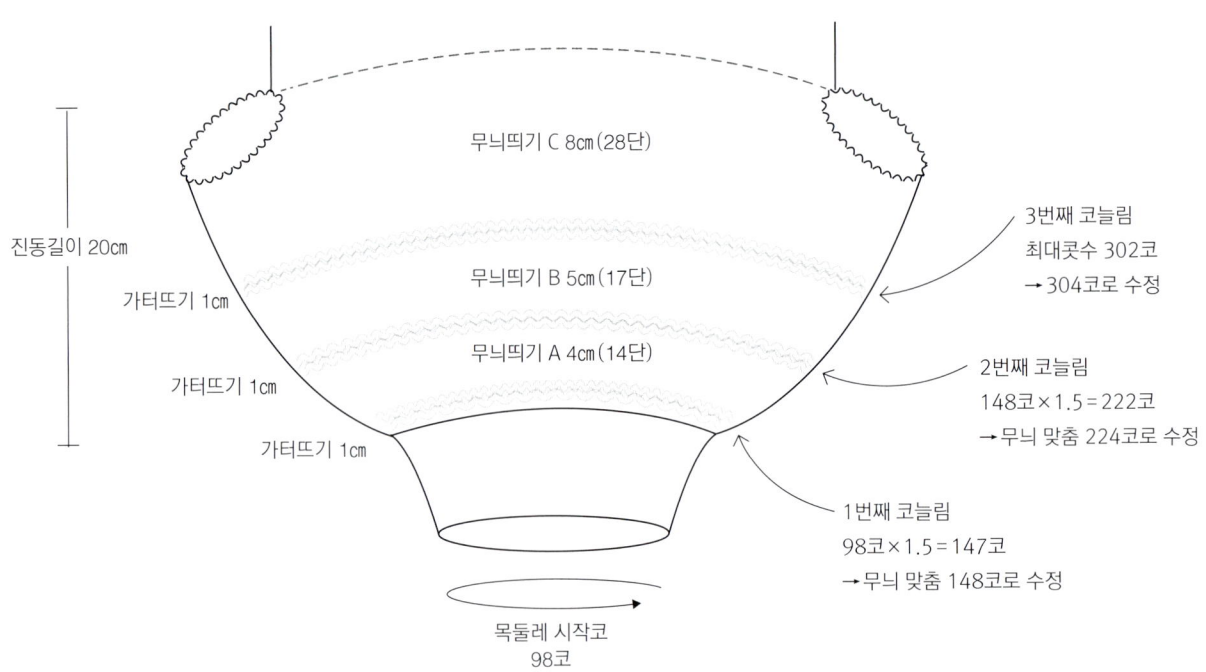

바늘에 걸려 있는 전체콧수는 304코.

몸판과 소매 분리하기

목밴드에서 98코로 시작하여 1, 2, 3번째 코늘림을 하면 바늘에 걸려 있는 전체콧수는 304코이다.

이제 몸판과 소매를 분리한다. 분리는 환편뜨기의 시작위치★(BOR=Begin Of Round)에서 시작한다. 요크 스타일의 BOR은 뒷몸판 중심이다.

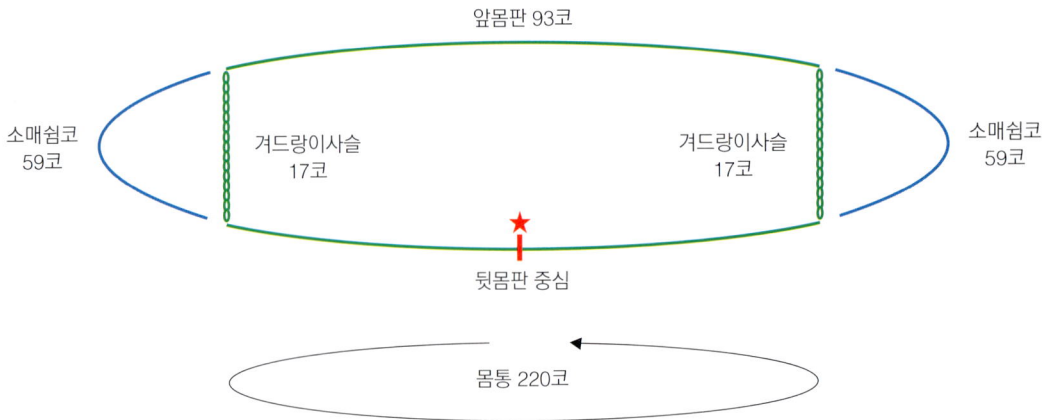

1. 몸판에 연결된 실로 46코를 겉뜨기로 뜬다.
2. 소매에 해당하는 59코를 버림실에 옮겨둔다.
3. 별도의 버림실로 겨드랑이콧수(17코)만큼 사슬코를 만든다.
4. **3**의 사슬코에서 17코를 줍는다.
5. 앞판 93코를 뜬다.
6. **2, 3, 4**를 반복한다.
7. 뒤판 47코를 겉뜨기로 뜬다.
8. 뒤판 46코＋겨드랑이 17코＋앞판 93코＋겨드랑이 17코＋뒤판 47코＝220코
   바늘에 걸린 몸판콧수는 220코이다.

돗바늘에 버림실을 끼워 소매콧수를 옮겨 놓는다.

사슬코에서 겨드랑이콧수를 줍는다.

몸통은 환편이 되고, 콧수는 220코이다.

STEP 7 몸판 뜨기

톱다운(TOP-DOWN)으로 떠서 밑단을 코막음하면 코를 잡아서 보텀업(BOTTOM-UP)으로 떴을 때보다 밑단부분의 신축성이 적어진다. 몸판에 여유분이 넉넉하지 않은 경우에는 약간 불편할 수 있다. 이를 방지하기 위해 밑단에 트임을 주기도 한다. SAMPLE 3은 아치형 밑단을 만들고 앞판쪽 고무단에 트임을 주었다.

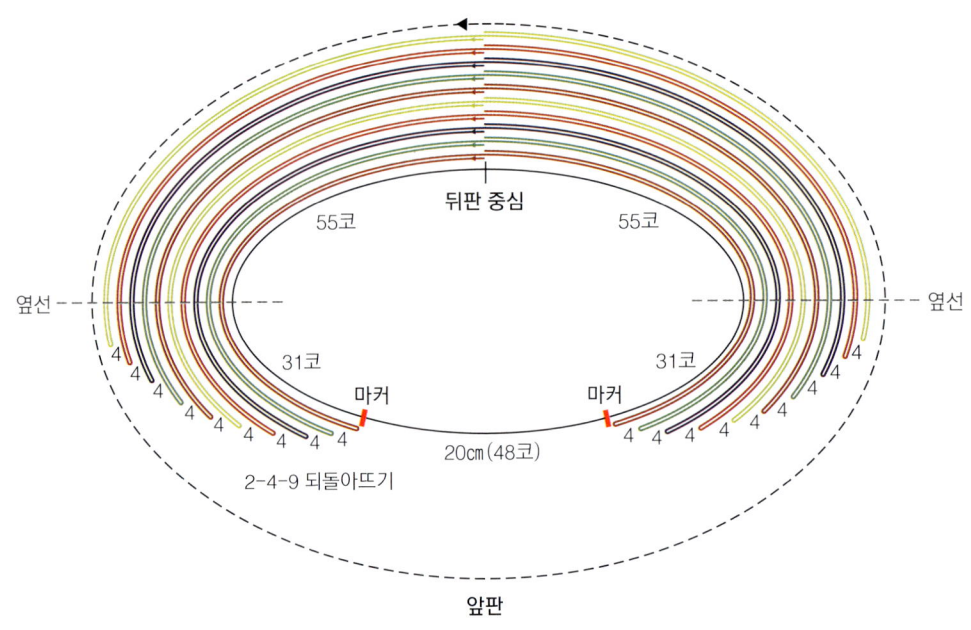

1. 바늘에 걸린 220코를 원하는 앞판 길이에서 마무리단의 높이를 뺀 길이만큼 환편뜨기로 뜬다. SAMPLE 3은 30㎝ 102단을 뜬다.
2. 앞판 중심 20㎝(48코)의 좌우에 마커를 끼운다.
3. 뒤판 중심에서 시작하여 처음 만나는 마커에서 되돌아뜨기를 한다. 환편뜨기가 아니므로 되돌아올 때는 안뜨기로 뜬다.
4. 반대편 마커까지 안뜨기로 뜨고 되돌아뜨기를 한다.
5. 처음 되돌아 뜬 위치의 4코 전에서 다시 되돌아뜨기를 좌우 대칭으로 한다.
6. 4코 전에서 되돌아뜨기를 총 9회 한다. 뒷중심이 앞중심보다 6㎝(20단) 길어진다.
7. 뒷중심에서 시작하여 1바퀴 환편뜨기를 하며 되돌아뜨기를 정리한다.
8. 앞중심 77코의 좌우에 마커를 끼운다.
9. 뒷중심에서 시작하여 처음 만나는 마커까지 겉뜨기를 뜬다.
10. 1호 작은 바늘(3.5㎜)로 77코를 1×1고무단(양끝은 겉뜨기 2코)으로 17단을 뜬다.
11. 홀수단으로 떴으니 뜨던 실은 바늘의 왼쪽끝에 있다. 돗바늘을 이용하여 짐머만식 코막음(outline stitch cast off)으로 밑단을 마감한다.
12. 입어서 왼쪽 앞판의 고무단 뒷면에서 6코를 줍는다. 바늘에 걸려 있는 코를 안뜨기로 시작하여 1×1고무단으로 뜬다.
13. 입어서 오른쪽 앞판의 고무단 뒷면에서 6코를 줍는다. 뒤판 고무단의 총 콧수는 155코. 뒤판 고무단을 총 17단이 되도록 뜬 후 앞판처럼 마무리한다.

앞판 고무단을 겉쪽으로 접어놓고 고무단의 뒷면에서 코를 줍는다.

몸판과 밑단의 완성.

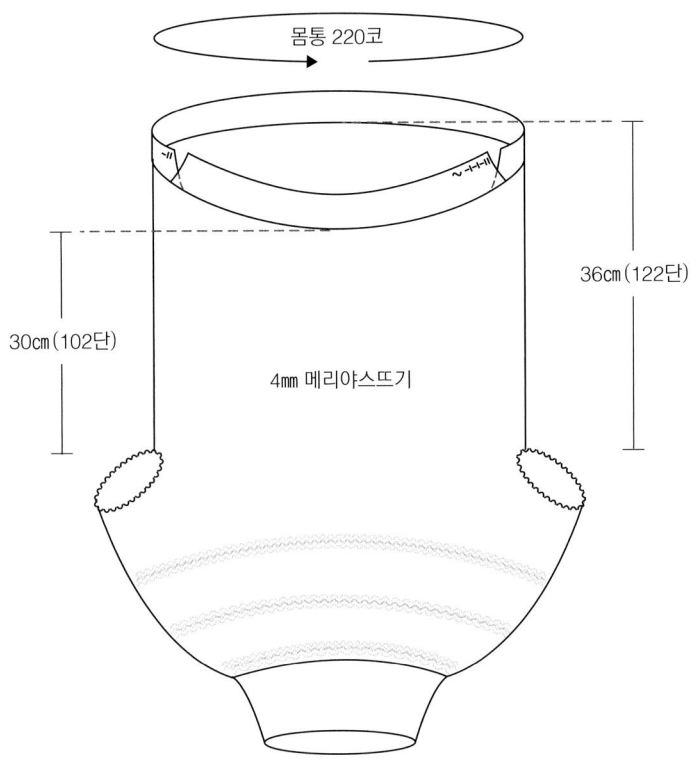

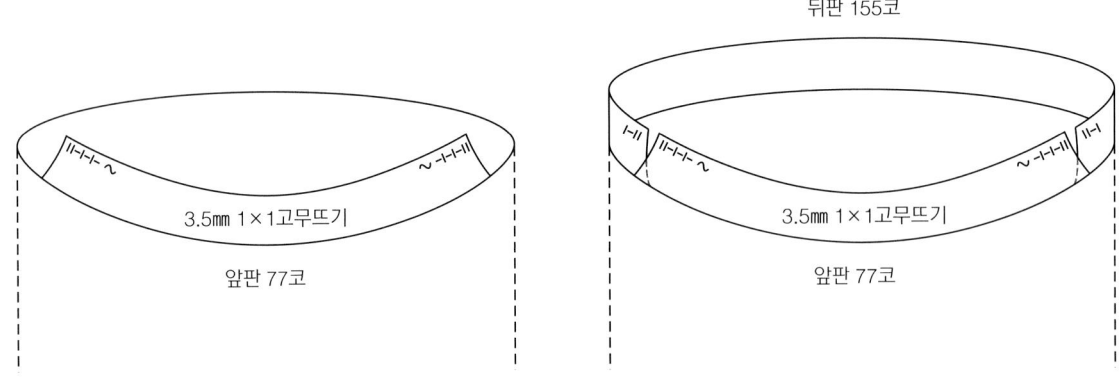

104　**SAMPLE 3** 요크 스타일 • 가로패턴무늬 스웨터

STEP 8   소매 뜨기

SAMPLE 3의 소매는 고무단을 길게 하고 트임을 주어서 여성스러운 느낌을 살렸다.

1. 버림실에 옮겨두었던 소매 59코를 바늘에 옮긴다.
2. 버림실로 뜬 몸판의 겨드랑이 17코의 사슬을 풀어 바늘에 옮긴다. 떠가는 방향이 반대이기 때문에 양쪽 가장자리에 반 코가 생겨 걸어 올린 콧수는 18코가 된다.
3. 겨드랑이콧수의 반을 왼쪽 바늘에 옮긴다.
4. 겨드랑이의 중심에 새 실을 연결하여 겉뜨기를 뜬다.

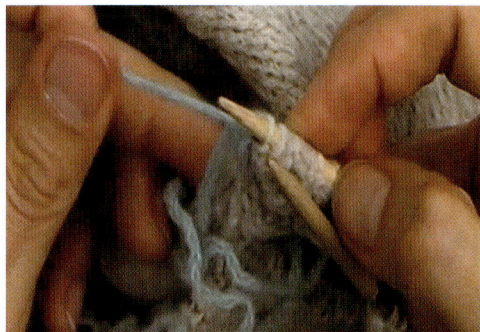

겨드랑이사슬코를 풀어 바늘에 옮긴다.

양옆에 반 코가 생겨서 걸어 올린 콧수는 겨드랑이콧수보다 1코가 많은 18코이다.

겨드랑이코의 중심에 새 실을 연결하여 소매 뜨기를 시작한다.

5 겨드랑이의 왼쪽끝 반 코는 소매 첫 코와 왼코겹치기로 같이 떠서 구멍이 생기는 것을 방지한다.

6 소매의 마지막코는 겨드랑이의 오른쪽끝 반 코와 오른코겹치기로 떠서 구멍이 생기는 것을 방지한다. 결과적으로 겨드랑이 17코 중 1코는 좌우 반 코씩이 소매와 함께 떠서 없어지고 소매둘레콧수는 75코가 된다.

7 소매부리는 [K]의 25%인 22.75㎝ 54코이다. 단, 고무단이 길어지므로 소매부리에 10% 정도의 여유를 주어 25㎝ 60코가 되도록 한다. 고무단 양끝을 겉뜨기 2코로 뜨려면 전체 콧수가 홀수이어야 하므로 59코로 수정한다.

8 소매둘레콧수(75코)에서 소매부리콧수(59코)를 빼면 소매배래에서 줄일 콧수가 된다. 소매배래선의 중심 2코를 기준으로 좌우에서 줄이므로, 줄일 콧수를 2로 나누면 코줄임 횟수가 된다.

SAMPLE RULE

소매배래 코줄임 횟수 =(75 코 - 59 코) ÷ 2 = 8 회

- 소매둘레 ········· 32㎝ 75코
- 소매부리 ········· 25㎝ 59코

FOR MYSELF

소매배래 코줄임 횟수 =(☐ 코 - ☐ 코) ÷ 2 = ☐ 회

- 소매둘레 ········· ☐ ㎝ ☐ 코
- 소매부리 ········· ☐ ㎝ ☐ 코

9 SAMPLE 3 의 진동에서 소매까지 필요한 길이는 39㎝. 이 중 14㎝는 고무단으로 뜬다.
39㎝ - 14㎝ = 25㎝
25㎝에 단수 게이지를 곱하면 코줄임을 하면서 떠야 할 단수가 된다.

SAMPLE RULE

코줄임하면서 떠야 할 단수 = (39 cm - 14 cm) × 3.4 단 = 85 단

- 필요한 소매길이 ············ 39cm
- 고무단 길이 ············ 14cm
- 단수 게이지 ············ 3.4단

FOR MYSELF

코줄임하면서 떠야 할 단수 = (☐ cm - ☐ cm) × ☐ 단 = ☐ 단

- 필요한 소매길이 ············ ☐ cm
- 고무단 길이 ············ ☐ cm
- 단수 게이지 ············ ☐ 단

85단을 뜨면서 코줄임을 8회 한다. 슬림한 소매라인을 만들기 위해 8단마다 코줄임 8회를 하고 20단은 단평으로 뜬다.

10 입어서 오른쪽 트임을 해보자.

소매배래선의 왼쪽 7코 자리를 마커로 표시한다. 겉뜨기 1단을 뜨고 마커로 표시한 7코까지 뜬 후 앞단의 뒷면에서 8코를 줍는다.

전체콧수는 59코＋8코＝67코.

1호 작은 바늘(3.5㎜)로 1×1고무단을 14㎝ 47단을 뜬다(고무단의 양끝은 겉뜨기 2코).

돗바늘을 이용하여 짐머만식 코막음으로 마무리한다.

11 입어서 왼쪽 트임을 해보자.

소매배래선의 오른쪽 7코 자리를 마커로 표시한다. 겉뜨기로 마커가 표시된 소매배래 7코 전까지 겉뜨기로 뜬다.

1호 작은 바늘(3.5㎜)로 1×1고무단을 1단 뜬 후 앞단의 뒷면에서 안뜨기로 8코를 줍는다. 1×1고무단을 14㎝ 47단을 뜬다(고무단의 양끝은 겉뜨기 2코).

돗바늘을 이용하여 짐머만식 코막음으로 마무리한다.

12 트임 부분에는 똑닥단추와 장식단추를 단다.

입어서 왼쪽 소매

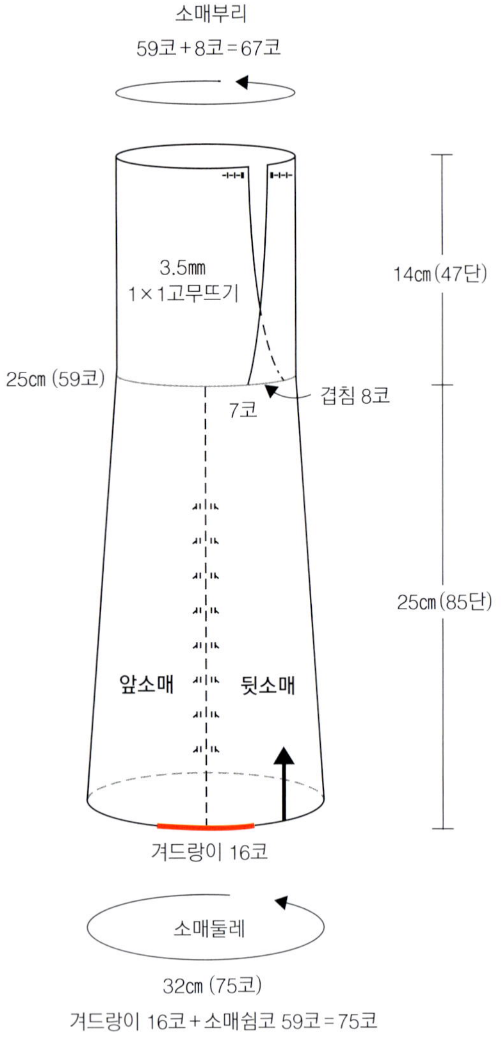

소매부리
59코 + 8코 = 67코

3.5mm
1×1고무뜨기

14cm (47단)

25cm (59코)

겹침 8코

7코

25cm (85단)

앞소매   뒷소매

겨드랑이 16코

소매둘레

32cm (75코)
겨드랑이 16코 + 소매쉼코 59코 = 75코

입어서 오른쪽 소매

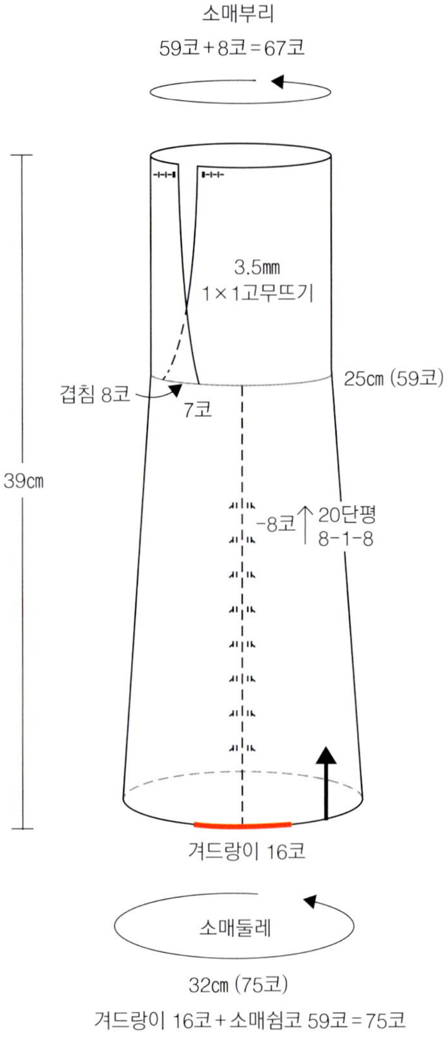

소매부리
59코 + 8코 = 67코

3.5mm
1×1고무뜨기

겹침 8코

7코

25cm (59코)

39cm

−8코 ↑ 20단평
8-1-8

겨드랑이 16코

소매둘레

32cm (75코)
겨드랑이 16코 + 소매쉼코 59코 = 75코

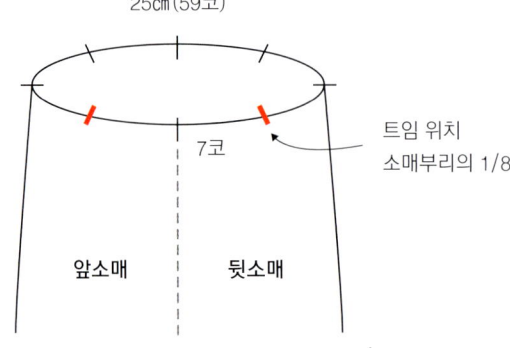

25cm (59코)

7코

트임 위치
소매부리의 1/8

앞소매   뒷소매

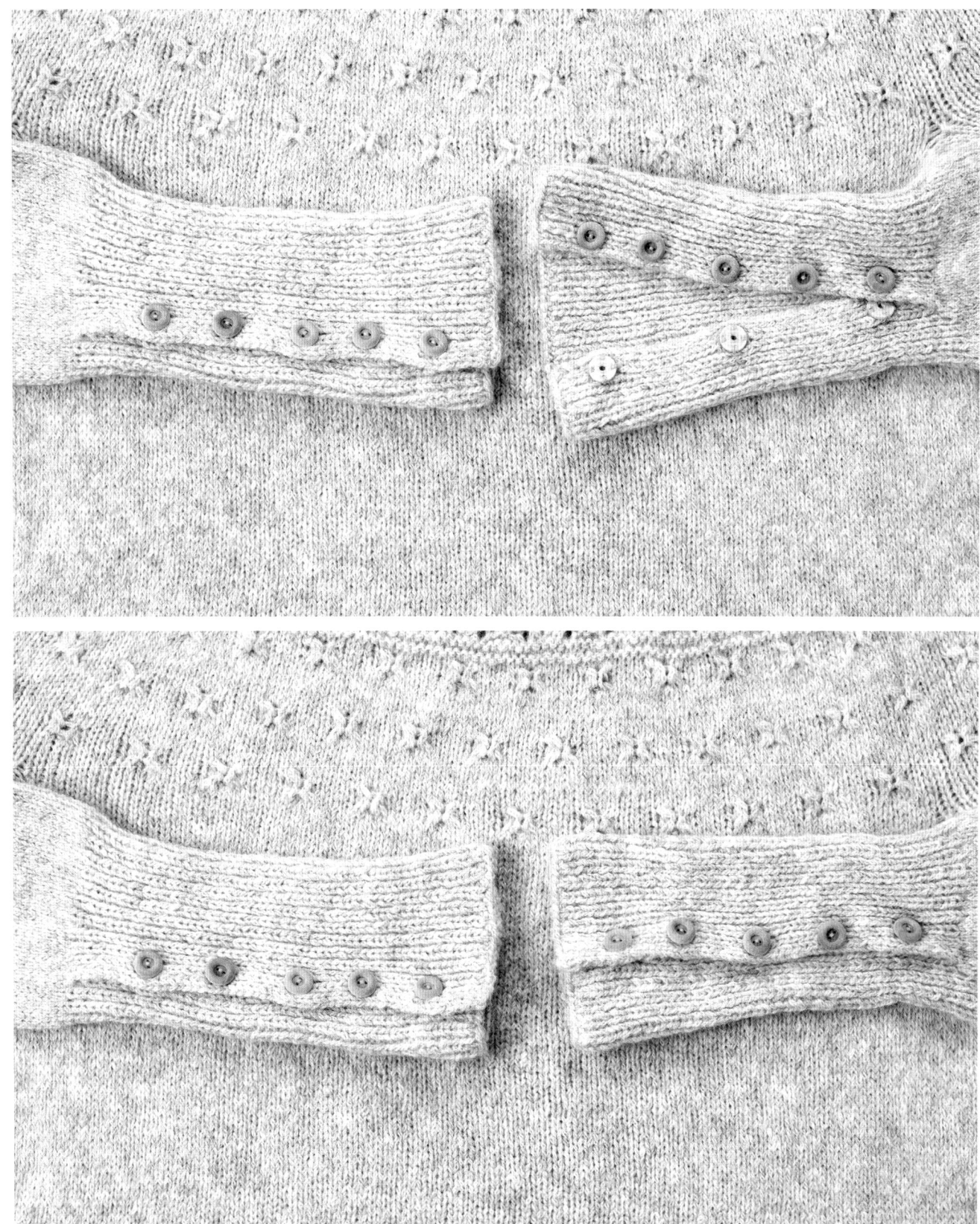

소매 완성.

SAMPLE
4

YOKE STYLE
요크 스타일

세로배색무늬 스웨터

요크 스타일은 소매와 몸판에 경계선이 없어서 요크부분에 가로 또는 세로무늬가 깨지지 않고 아름답게 표현 되는 것이 가장 큰 매력이다. 늘려야 하는 콧수나 소매 분리 등 래글런 스타일과 비슷한 부분이 많다. 차이는 코늘림 위치와 방식이다.
SAMPLE 4에서는 가로패턴무늬의 요크 스타일 스웨터에 이어 세로배색무늬가 들어간 스웨터 디자인을 함께 계산해보고 떠보자.

STEP 1 치수 정하기

SAMPLE 4는 7~8세 아동사이즈이다.

요크 스타일의 치수를 구하는데 기준이 되는 것은 가슴둘레이다. 여유분은 각자의 취향에 따라 달라질 수 있다. 아래 표의 계산을 참고하여 필요한 치수를 구한다.

SAMPLE RULE 가슴둘레 65 cm, 여유분 14 cm

Key Number [K] = 가슴둘레 65 cm + 여유분 14 cm = 79 cm

- 목 둘 레 = [K]의 45% [*1] .... 79cm × 0.45 = 35.55cm → 35cm
- 소매둘레 = [K]의 35~40% [*2] ..... 79cm × 0.35 = 27.65cm
- 소매부리 = [K]의 25% .... 79cm × 0.25 = 19.75cm → 20cm
- 겨드랑이 = [K]의 8% .... 79cm × 0.08 = 6.32cm
- 진동길이 = [K]의 22~25% [*2] ..... 79cm × 0.22 = 17.38cm → 17cm

[*1] EPS는 머리가 작은 서양인 기준이므로, 동양인은 목둘레를 45%로 계산한다(p.11~12 참고).
[*2] 슬림한 소매와 잘 맞는 진동을 좋아하면 소매둘레는 35%, 진동길이는 22%로 계산한다. 여유 있는 사이즈를 원하면 이보다 크게 계산한다.
* 한번 떠본 후에는 어떤 치수가 자신에게 잘 맞는지 기억해두면 편리하다.

FOR MYSELF 가슴둘레 ☐ cm, 여유분 ☐ cm

Key Number [K] = 가슴둘레 ☐ cm + 여유분 ☐ cm = ☐ cm

- 목 둘 레 = [K]의 45% .... ☐ cm × 0.45 = ☐ cm
- 소매둘레 = [K]의 35~40% .... ☐ cm × 0.35 = ☐ cm
- 소매부리 = [K]의 25% .... ☐ cm × 0.25 = ☐ cm
- 겨드랑이 = [K]의 8% .... ☐ cm × 0.08 = ☐ cm
- 진동길이 = [K]의 22~25% .... ☐ cm × 0.22 = ☐ cm

STEP 2 게이지 계산하기

각 부위의 치수를 모두 구했으니 이번에는 게이지를 대입하여 필요한 콧수와 단수를 계산해보자. 샘플에 사용한 실은 「프랑스 필다르(PHILDAR)」사의 「필소프트(PHIL SOFT+)」이다. 4㎜ 대바늘로 메리야스뜨기를 떴을 때 10㎠에 들어가는 콧수는 24코, 단수는 34단이다. 10㎝에 24코가 들어간다는 것은 1㎝에 2.4코가 들어간다는 의미다. 가로에는 콧수를, 세로에는 단수를 곱하면 필요한 콧수와 단수를 구할 수 있다. 아래 표의 계산을 참고하여 자신의 게이지와 치수를 대입해서 필요한 콧수와 단수를 구한다.

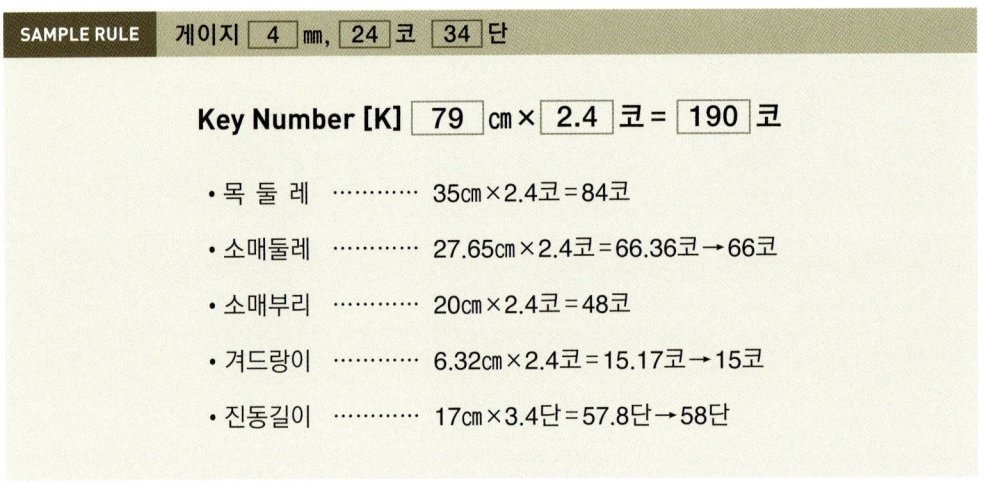

SAMPLE RULE 게이지 4 ㎜, 24 코 34 단

Key Number [K] 79 ㎝ × 2.4 코 = 190 코

- 목 둘 레 ……… 35㎝ × 2.4코 = 84코
- 소매둘레 ……… 27.65㎝ × 2.4코 = 66.36코 → 66코
- 소매부리 ……… 20㎝ × 2.4코 = 48코
- 겨드랑이 ……… 6.32㎝ × 2.4코 = 15.17코 → 15코
- 진동길이 ……… 17㎝ × 3.4단 = 57.8단 → 58단

FOR MYSELF 게이지 ☐ ㎜, ☐ 코 ☐ 단

Key Number [K] ☐ ㎝ × ☐ 코 = ☐ 코

- 목 둘 레 ……… ☐ ㎝ × ☐ 코 = ☐ 코
- 소매둘레 ……… ☐ ㎝ × ☐ 코 = ☐ 코
- 소매부리 ……… ☐ ㎝ × ☐ 코 = ☐ 코
- 겨드랑이 ……… ☐ ㎝ × ☐ 코 = ☐ 코
- 진동길이 ……… ☐ ㎝ × ☐ 단 = ☐ 단

계산한 치수와 콧수를 그림에 옮기면 다음과 같다.

FOR MYSELF

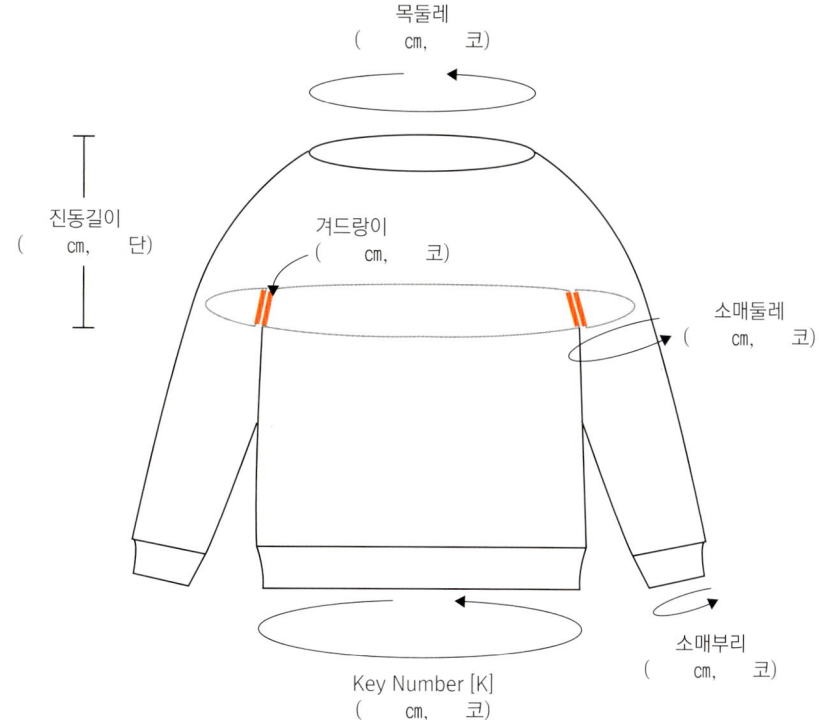

STEP 3 최대콧수 정하기

꼭 기억해야 할 POINT

목선에서 시작해서 코늘림을 하여 진동길이만큼 떴을 때, 몸판과 소매를 분리하기 전의 콧수를 「최대콧수」라고 한다. 몸판과 소매를 분리하면서 겨드랑이를 좌우 몸판과 소매에서 만들어준다. 그러므로 몸통콧수(Key Number)에 앞뒤 2장의 소매둘레콧수를 더한 후, 4배의 겨드랑이콧수(양쪽 몸통 겨드랑이, 양쪽 소매 겨드랑이)를 빼주어야 최대콧수가 된다.

최대콧수 = Key Number [K] + (2 × 소매둘레콧수) − (4 × 겨드랑이콧수)

최대콧수는 래글런 스타일이나 요크 스타일 모두 같다. 계속 활용해야 하니 잘 기억해둔다. 앞에서 계산한 각 부위별 콧수로 최대콧수를 계산하면 다음과 같다. 아래 표에 자신의 콧수로 최대콧수를 구한다.

SAMPLE RULE

최대콧수* = 190 코 + (2 × 66 코) − (4 × 15 코) = 262 코

- Key Number [K] ········· 190코
- 소매둘레 ················ 66코
- 겨드랑이 ················ 15코

* 최대콧수는 무늬 맞춤을 위해 조정될 수 있다. 최대콧수의 조정은 STEP 6에서 해보자.

FOR MYSELF

최대콧수 = ☐ 코 + (2 × ☐ 코) − (4 × ☐ 코) = ☐ 코

- Key Number [K] ········· ☐ 코
- 소매둘레 ················ ☐ 코
- 겨드랑이 ················ ☐ 코

계산한 최대콧수를 그림에 옮기면 다음과 같다.

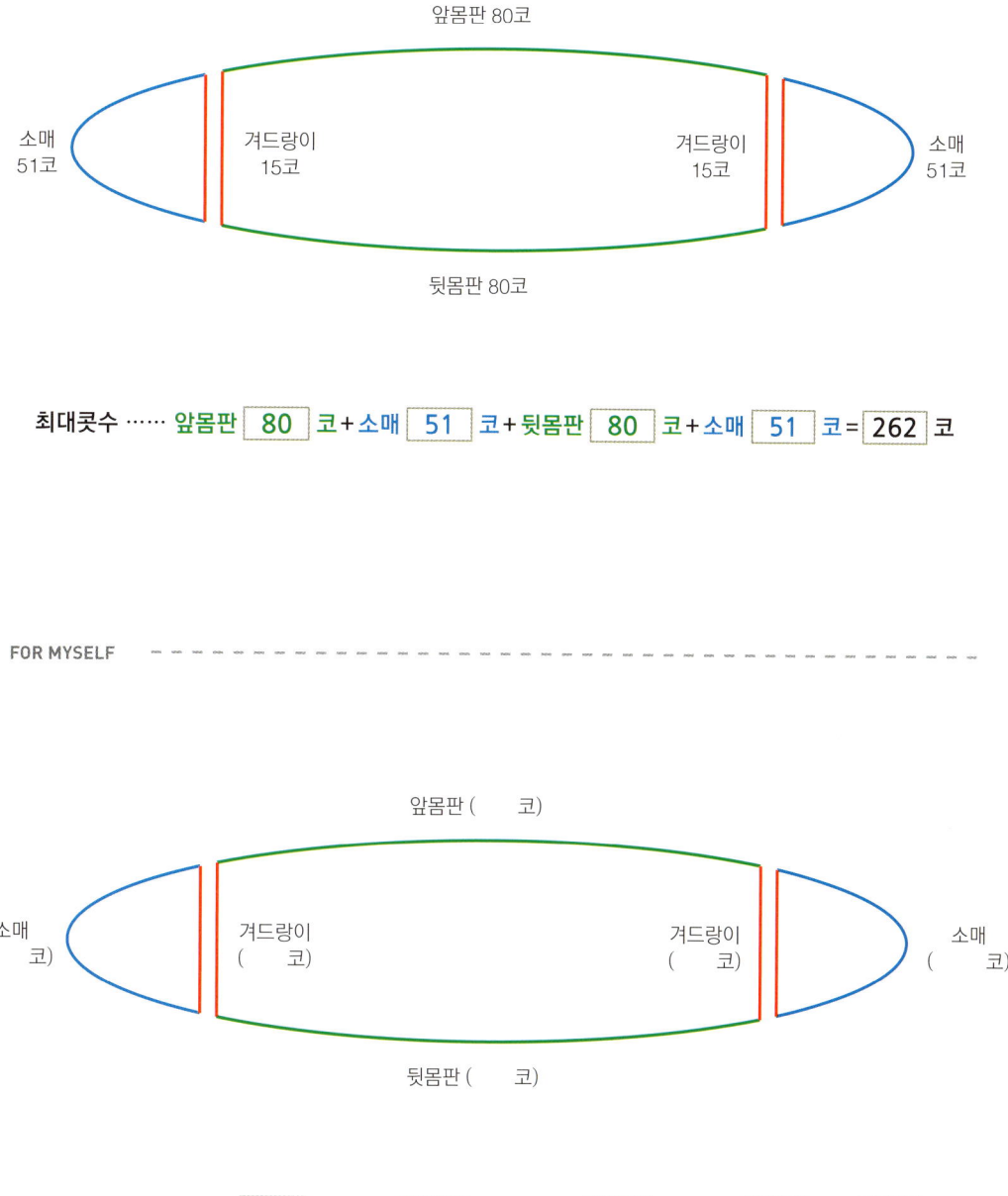

최대콧수 …… 앞몸판 80 코 + 소매 51 코 + 뒷몸판 80 코 + 소매 51 코 = 262 코

FOR MYSELF

최대콧수 …… 앞몸판 ☐ 코 + 소매 ☐ 코 + 뒷몸판 ☐ 코 + 소매 ☐ 코 = ☐ 코

STEP 4

목밴드 뜨기

1. 버림실로 사슬뜨기 84코를 만든다.
2. 몸판보다 1호 작은 바늘(3.5㎜)로 사슬의 뒷산에서 84코를 줍는다.
3. 1.5㎝ 6단을 1×1고무단으로 뜬다.
4. 2호 작은 바늘(2.5㎜)로 1×1고무단 3㎝ 12단을 뜬다.
5. 3.5㎜ 바늘로 바꾸어 1×1고무단 1.5㎝ 6단을 뜬다.
6. 별도의 바늘로 사슬코를 풀면서 코를 바늘에 옮긴다.
7. 사슬코로 만들었던 코들이 안쪽으로 들어가게 접는다.
8. 2개의 바늘에 있는 코들을 겹쳐서 겉뜨기로 뜬다.

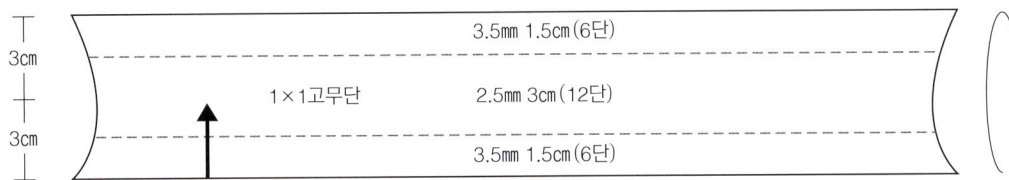

목둘레 고무단이 떠진 상태.

사슬코를 1코씩 풀어서 별도의 바늘에 옮긴다.

풀어낸 코와 뜨던 코를 겹쳐서 함께 겉뜨기로 뜬다.

STEP 5   1번째 코늘림*

목둘레 시작코는 35㎝ 84코, 4㎜ 몸판바늘을 사용한다.

1번째 코늘림은 목둘레 시작코의 50%인 42코를 늘린다.

1번째 코늘림 콧수 = 84코 × 1.5 = 126코

1번째 코늘림한 콧수는 들어가는 1개 무늬의 콧수와 개수에 따라 수정될 수 있다(p.120 참고).

* SAMPLE 3의 STEP 5 〈꼭 기억해야 할 POINT〉 참고.

STEP 6 최대콧수와 세로무늬 계산하기

배색무늬의 경우 콧수가 적은 목선쪽 무늬보다 콧수가 많은 아래쪽 무늬가 중요하다.
그래서 무늬의 콧수가 많은 쪽을 기준으로 무늬의 개수를 계산한다.
SAMPLE 4의 최대콧수는 262코. 최대콧수 위치에 들어갈 1개 무늬는 10코.
최대콧수 ÷ 1개 무늬 콧수 = 무늬 개수
262 ÷ 10코 = 26.2개 → 26개 무늬를 선택한다.
26무늬 × 10코 = 260코
무늬를 맞추기 위해 최대콧수를 262코에서 260코로 수정한다.
세로로 들어가는 배색무늬이므로 무늬 개수에는 변동이 없다.
1번째 코늘림 콧수 ÷ 무늬 개수 = 시작부분 1개 무늬의 콧수
126코 ÷ 26개 무늬 = 4.8코 → 5코
1개 무늬의 콧수는 5코, 무늬 개수는 26개.
5코 × 26개 무늬 = 130코
무늬를 맞추기 위해 1번째 코늘림 콧수를 수정한다.
늘릴 콧수 42코에 4코를 추가하여 늘려야 할 콧수는 46코가 된다.

진동길이는 17㎝ 58단.
진동길이의 1/2 위치에서는 최대콧수가 되어 있어야 한다.
그러므로 배색패턴의 마지막 코늘림은 29단에서 끝난다.

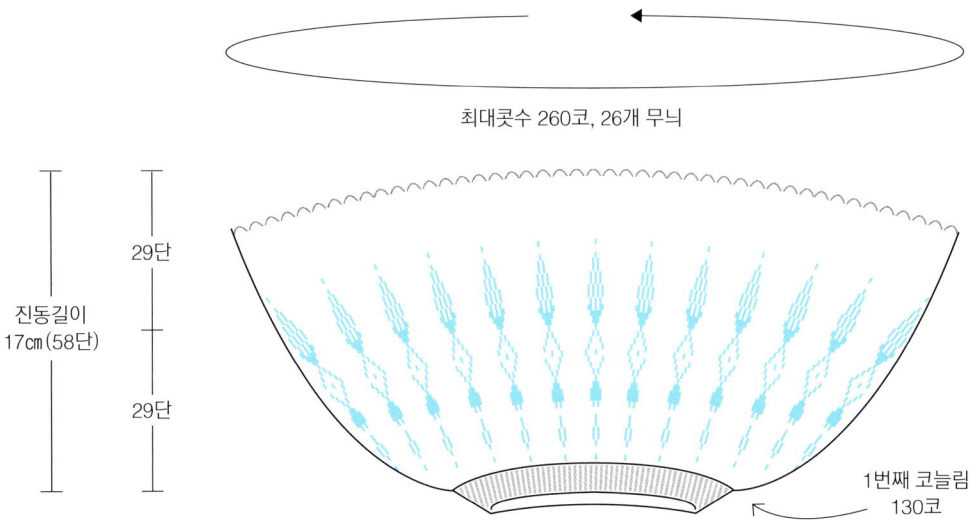

120　SAMPLE 4　요크 스타일 • 세로배색무늬 스웨터

배색무늬

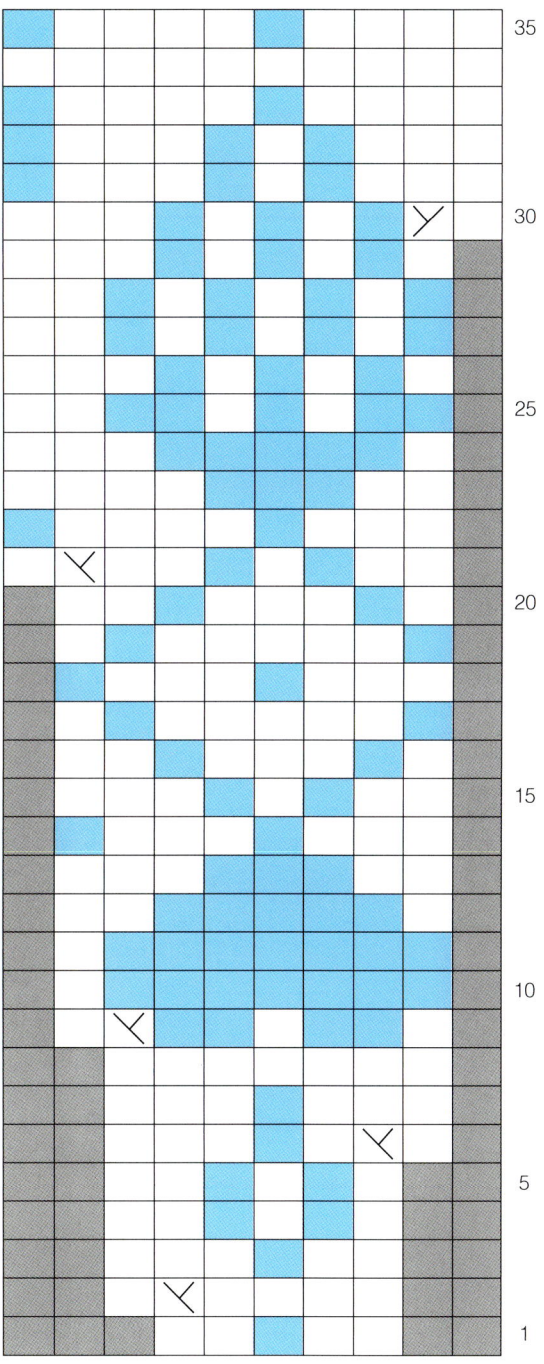

코늘림 정리

각자의 게이지와 치수를 대입하여 코늘림을 계산해보자.

SAMPLE RULE 목둘레 시작코 84 코

1번째 코늘림 = 목둘레 시작코의 50% 늘림

- 84코 × 1.5 = 126코
- 최대콧수 ÷ 배색무늬 1개(10코) = 무늬 개수
- 262코 ÷ 10코 = 26.2개 무늬 → 26개 무늬 선택
- 26개 무늬 × 10코 = 260코
- 무늬를 맞추기 위해 최대콧수를 262코에서 260코로 수정
- 126코 ÷ 26개 무늬 = 4.85코 → 5코
- 5코 × 26개 무늬 = 130코
- 1번째 코늘림 콧수를 126코에서 130코로 수정
- 진동길이 17㎝ 58단
- 진동길이의 1/2에서 마지막 코늘림
- 58단 ÷ 2 = 29단

FOR MYSELF 목둘레 시작코 ☐ 코

1번째 코늘림 = 목둘레 시작코의 50% 늘림

- ☐ 코 × 1.5 = ☐ 코
- 최대콧수 ÷ 배색무늬 1개(10코) = 무늬 개수
- ☐ 코 ÷ 10코 = ☐ 개 무늬
- ☐ 개 무늬 × 10코 = ☐ 코
- 무늬를 맞추기 위해 최대콧수를 ☐ 코에서 ☐ 코로 수정
- ☐ 코 ÷ ☐ 개 무늬 = ☐ 코
- ☐ 코 × ☐ 개 무늬 = ☐ 코
- 1번째 코늘림 콧수를 ☐ 코에서 ☐ 코로 수정
- 진동길이 ☐ cm ☐ 단
- 진동길이의 1/2에서 마지막 코늘림
- ☐ 단 ÷ 2 = ☐ 단

STEP 7 뒷목세움 분량 만들기

뒷목세움의 전체적인 설명은 p.85~86을 참고한다.

1번째 코늘림 콧수가 126코에서 130코로 수정되었다.
1번째 코늘림이 끝난 후 되돌아뜨기로 뒷목세움 분량을 만든다.
세움 분량은 2㎝ 6단.
2단에 1번씩 되돌아 뜨기를 하므로 6단÷2단=3회.
되돌아뜨기=3회
되돌아 뜨는 콧수는 1번째 코늘림 콧수의 1/12.
130코÷12=10.8코→10코
1번째 되돌아뜨기는 마커로 표시한 앞판과 뒤판의 경계인 어깨선에서 한다.
남은 2번은 5코씩 되돌아뜨기를 한다.

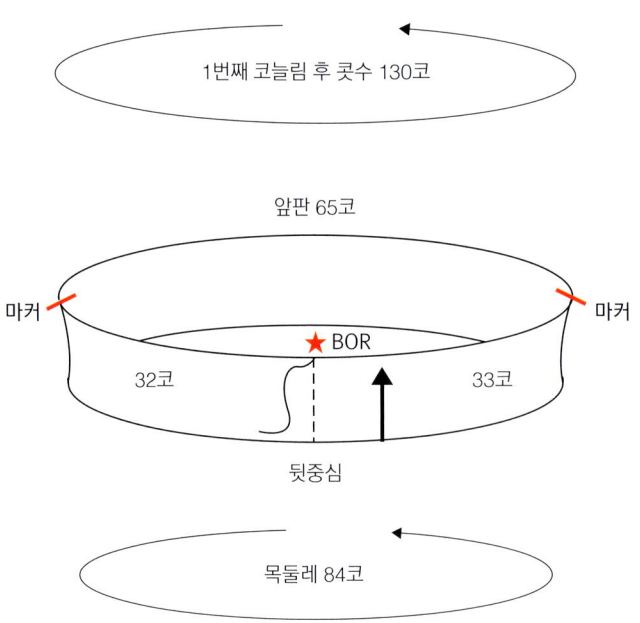

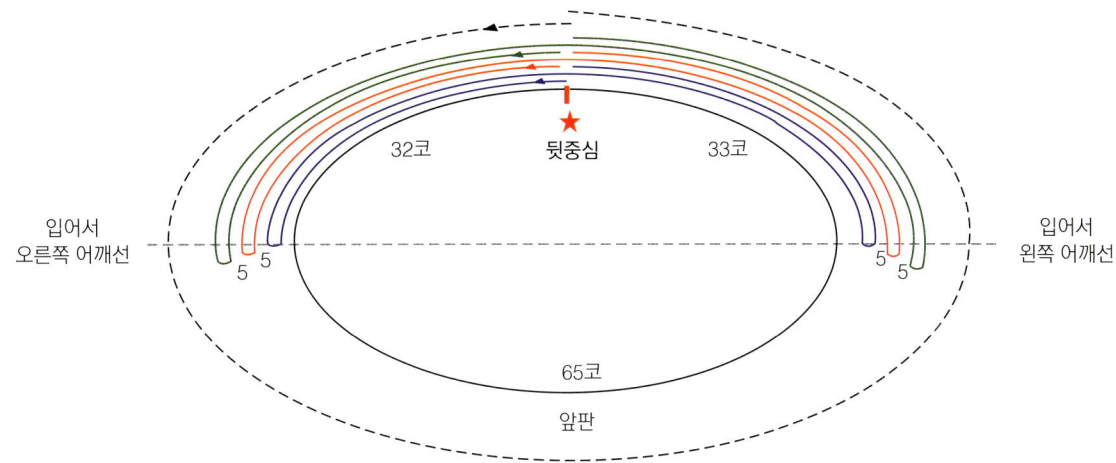

1. 전체콧수를 2등분하여 앞뒤판의 경계에 마커를 끼워 표시한다. 환편뜨기의 시작위치★ (BOR=begin of round)는 뒷중심이다.
2. 뒷중심에서 시작하여 처음 만나는 마커에서 되돌아 뜬다. 환편뜨기가 아니므로 되돌아 올 때는 안뜨기로 한다.
3. 반대편 마커까지 뜨고 되돌아뜨기를 한다.
4. 처음 되돌아 뜬 위치에서 되돌아뜨기를 정리하고, 정리한 코를 포함하여 5코를 더 뜨고 되돌아뜨기를 한다.
5. 반대편도 같은 방법으로 되돌아뜨기를 한다.
6. 같은 방법으로 좌우 대칭으로 5코씩 1번 더 되돌아뜨기를 한 후 뒷중심까지 뜬다.
7. 뒷중심에서 시작하여 1바퀴를 겉뜨기로 떠서 마지막 되돌아뜨기를 정리한다.
   입어서 오른쪽은 원래 뜨던 방향으로, 입어서 왼쪽은 반대방향으로 되돌아뜨기가 정리된다.

| STEP 8 | 배색무늬 뜨기 |

배색 도면(p.121 참고)에 맞게 배색무늬를 뜬다. 무늬를 뜨면서 분산시켜 코늘림이 되므로 배색무늬가 다 떠졌을 때는 자연스럽게 최대콧수가 된다. 배색무늬 35단을 뜬 후에는 단색으로 진동길이가 될 때까지 뜬다.

TIP

배색무늬를 뜨는 방법

배색무늬를 뜨는 방법은 크게 3가지이다.

① 배색실을 모두 오른손에 잡고 뜨기.

② 배색실을 모두 왼손에 잡고 뜨기.

③ 배색실을 왼손과 오른손에 나누어 잡고 뜨기.

가장 추천하는 배색무늬를 뜨는 방법은 「왼손과 오른손에 배색실을 나누어 잡고 뜨는 방법」이다. 배색 뒷면이 가지런하게 나와 완성도가 높다. 그러나 왼손에 실을 잡고 뜨려면 많은 연습이 필요하다. 각자 편한 방법을 선택한다.

① 배색실을 모두 오른손에 잡고 뜨기.

② 배색실을 모두 왼손에 잡고 뜨기.

③ 배색실을 모두 왼손과 오른손에 나누어 잡고 뜨기.

몸판과 소매 분리하기

목밴드에서 84코로 시작하여 진동길이까지 뜨면 바늘에 걸려 있는 전체콧수는 260코이다. 이제 몸판과 소매를 분리한다. 분리는 환편뜨기의 시작위치★(BOR=Begin Of Round)에서 시작한다. 요크 스타일의 BOR은 뒷몸판 중심이다.

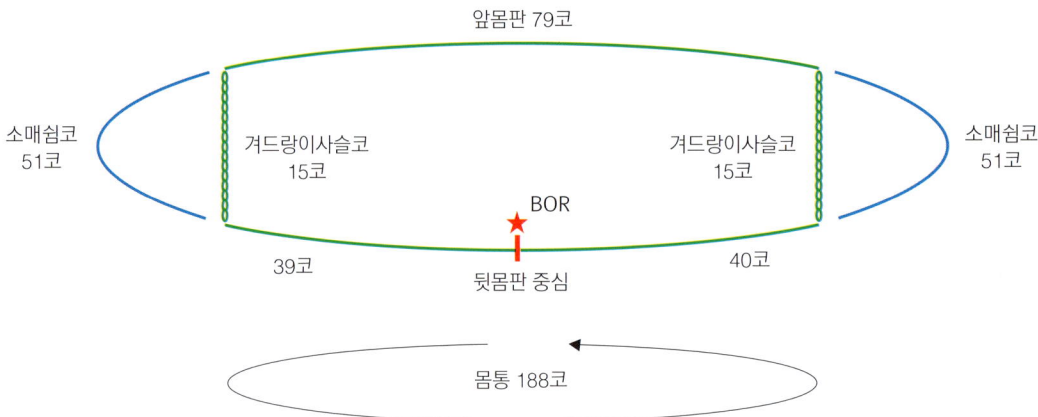

1. 몸판에 연결된 실로 39코를 겉뜨기로 뜬다
2. 소매에 해당하는 51코를 버림실에 옮겨둔다.
3. 별도의 버림실로 겨드랑이콧수(15코)만큼 사슬코를 만든다.
4. **3**의 사슬코에서 15코를 줍는다.
5. 앞판 79코를 뜬다.
6. **2, 3, 4**를 반복한다.
7. 뒤판 40코를 겉뜨기로 뜬다.

    뒤판 39코＋겨드랑이 15코＋앞판 79코＋겨드랑이 15코＋뒤판 40코＝188코

    바늘에 걸린 몸판콧수는 188코이다.

돗바늘에 버림실을 끼워 소매콧수를 옮겨 놓는다.

사슬코에서 겨드랑이콧수를 줍는다.

몸통은 환편이 되고, 콧수는 188코이다.

STEP 10 몸판 뜨기

톱다운(TOP-DOWN)으로 떠서 밑단을 코막음하면 코를 잡아서 보텀업(BOTTOM-UP)으로 떴을 때보다 밑단부분의 신축성이 적어진다. 몸판에 여유분이 넉넉하지 않은 경우에는 약간 불편할 수 있다. 이를 방지하기 위해 밑단에 트임을 주기도 한다. SAMPLE 4는 뒤판 고무단을 앞판보다 길게 뜨고, 옆선에 트임을 주었다.

1. 바늘에 걸린 188코를 원하는 길이에서 밑단 길이를 뺀 길이만큼 환편뜨기로 뜬다.
   SAMPLE 4는 23㎝ 78단을 떴다.
2. 앞판과 뒤판의 옆선을 마커로 표시한다.
3. 뒷중심에서 시작하여 처음 만나는 마커 2코 전까지 겉뜨기로 뜬다.
4. 마커 기준 양옆의 2코씩을 오른쪽 2코가 위로 올라오도록 교차시킨다.
5. 1호 작은 바늘(3.5㎜)로 다음 마커 2코 전까지 1×1고무단으로 뜬다.
6. 마커 기준 양옆의 2코씩을 왼쪽 2코가 위로 올라오도록 교차시켜 2코만 뜬다.
7. 앞판쪽 고무단만 4㎝ 15단이 될 때까지 뜬다.
8. 홀수단으로 떴으니 뜨던 실은 바늘의 왼쪽끝에 있다. 고무단 폭의 3배 길이로 실을 남기고 자른다.
9. 돗바늘로 집머만식 코막음으로 마감한다.

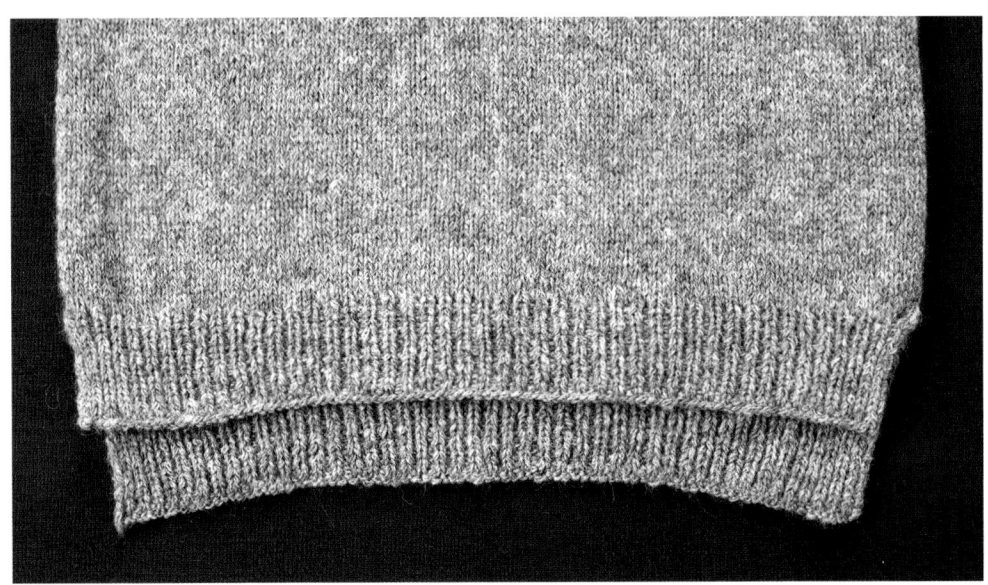

몸판과 마무리단의 완성.

10 입어서 왼쪽 옆선에 새로 실을 연결하여 1×1고무단으로 7㎝ 27단을 뜬다.

11 홀수단으로 떴으니 뜨던 실은 바늘의 왼쪽끝에 있다. 고무단 폭의 3배 길이로 실을 남기고 자른다.

12 돗바늘을 이용하여 짐머만식 코막음으로 밑단을 마감한다.

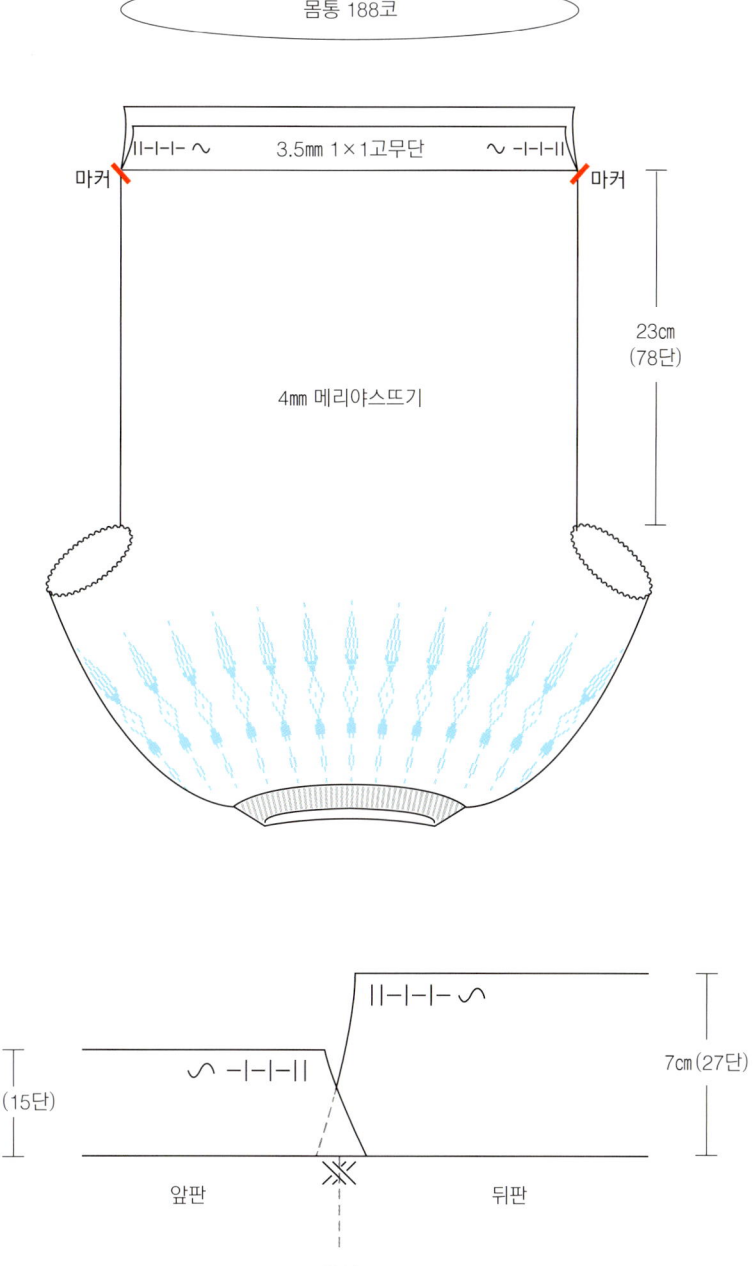

STEP 10 몸판 뜨기 131

STEP 11 소매 뜨기

SAMPLE 4의 소매는 소매배래에서 코줄임을 하지 않고, 손목부분에서 한꺼번에 코줄임을 하여 여성스러운 느낌을 살렸다.

1. 버림실에 옮겨두었던 소매 51코를 바늘에 옮긴다.
2. 버림실로 뜬 몸판의 겨드랑이 15코의 사슬을 풀어 바늘에 옮긴다. 떠가는 방향이 반대이기 때문에 양쪽 가장자리에 반 코가 생겨 걸어 올린 콧수는 16코가 된다.
3. 겨드랑이콧수의 반을 왼쪽 바늘에 옮긴다.
4. 겨드랑이의 중심에 새 실을 연결하여 겉뜨기를 뜬다.

겨드랑이사슬코를 풀어 바늘에 옮긴다.

양옆에 반 코가 생겨서 걸어 올린 콧수는 겨드랑이콧수보다 1코가 많은 16코이다.

왼쪽 반 코   오른쪽 반 코

겨드랑이코 중심에 새 실을 연결하여 소매뜨기를 시작한다.

5. 겨드랑이의 왼쪽끝 반 코는 소매 첫 코와 왼코겹치기로 같이 떠서 구멍이 생기는 것을 방지한다.

6 소매의 마지막코는 겨드랑이의 오른쪽끝 반 코와 오른코겹치기로 떠서 구멍이 생기는 것을 방지한다. 결과적으로 겨드랑이 15코 중 1코는 좌우 반 코씩이 소매와 함께 떠서 없어지고 소매둘레콧수는 65코가 된다.

7 진동에서 소매까지 필요한 길이는 35㎝. 이 중 4㎝는 고무단으로 뜨고, 31㎝ 105단을 줄임 없이 뜬다.

8 소매부리는 [K]의 25%인 20㎝ 48코. 단, 코를 줄이고 코막음 후에 다시 코를 주워 고무단을 뜨면, 손목부분의 신축성이 줄어들므로 소매부리에 10%의 여유를 더 주어 22㎝(52코)로 수정한다.

9 소매둘레 65코에서 13코를 줄여 52코로 만든다.

TIP

하나의 단에서 여러 코를 줄이는 경우

[65코에서 13코 줄이기]

65코에서 고르게 13코를 줄이기 위해서는 65코를 13코로 나눈다.

나누어 떨어지고 몫이 5가 된다.

5-1-13

5코마다 1코씩 줄인다. 즉 3코를 뜨고 그 다음 2코를 왼코겹치기로 뜬다.

5코마다 1코 줄이기를 13번 반복하면 콧수는 52코가 된다.

[주의사항]

여러 코를 하나의 단에서 늘릴 때와 줄일 때 계산하는 방법은 같다.

예를 들어, 위에서처럼 65코에서 13코를 늘린다고 가정해보자.

계산 결과는 5-1-13.

즉 5코마다 1코씩 늘린다. 계산 결과는 같지만 적용하는 방법은 다르다.

늘릴 때는 5코에서 1코가 늘어 6코가 되고, 줄일 때는 5코에서 1코가 줄어 4코가 된다.

즉, 늘릴 때는 5코를 뜬 후 늘리고, 줄일 때는 3코를 뜬 후 다음 2코를 함께 떠서 줄인다.

10 주름이 퍼지지 않게 코막음을 한다.

11 1호 작은 바늘(3.5㎜)로 코막음을 한 52코에서 다시 52코를 줍는다.

12 1×1고무단으로 4㎝(13단)을 뜬다.

13 돗바늘을 이용하여 짐머만식 코막음으로 밑단을 마감한다.

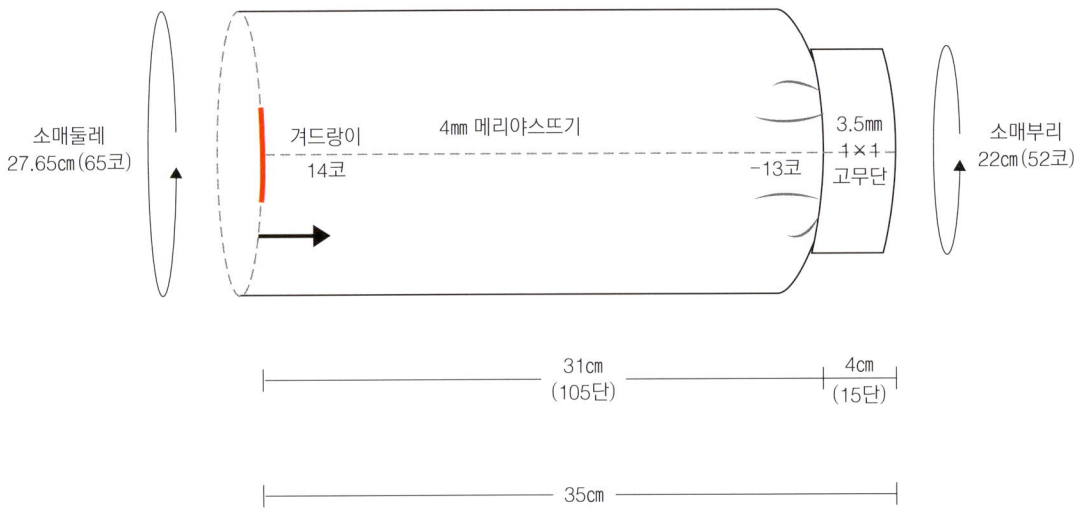

완성된 소매.

SAMPLE
5

SET-IN SLEEVE
세트인 슬리브

보디 퍼스트 세트인 슬리브 라운드 자켓

SAMPLE 5에서는 세트인 슬리브를 톱다운 기법으로 떠보자.
세트인 슬리브는 몸판의 진동 곡선과 소매산의 곡선을 연결하여 만드는 소매로, 가장 일반적인 옷 형태이다. 어깨선이 과장되거나 밑으로 떨어지지 않아서「보통 소매」라고도 부른다. 옷을 뜰 때도 가장 많이 만드는 형태이다.
여기에서는 2가지 방법으로 세트인 슬리브를 만들려고 한다.
1. 보디 퍼스트 세트인 슬리브(Body First Set-in Sleeve)_ 기존의 보텀업(BOTTOM-UP) 방식으로 몸판을 먼저 뜨고, 진동둘레에서 코를 주워 소매만 톱다운(TOP-DOWN) 방식으로 뜬다.
2. 사이멀테니어스 세트인 슬리브(Simultaneous Set-in Sleeve)_ 몸판과 소매를 동시에 톱다운 방식으로 뜬다.
SAMPLE 5는「보디 퍼스트 세트인 슬리브」방식으로 뜬 라운드 자켓이다.

STEP 1 치수 정하기

SAMPLE 5는 여성사이즈 55가 기준이다.
신체 각 부위의 치수를 줄자로 재서 사용한다.

SAMPLE RULE

가슴둘레 85 cm + 여유분 8 cm

- 어깨넓이 ······ 37.5cm
- 등품 ······ 35cm
- 앞품 ······ 33cm
- 허리둘레 ······ 66cm
- 등길이 ······ 38cm
- 옷길이 ······ 58cm
- 소매길이 ······ 58cm
- 소매둘레 ······ 32cm
- 소매부리 ······ 24cm

FOR MYSELF

가슴둘레 ☐ cm + 여유분 ☐ cm

- 어깨넓이 ······ ☐ cm
- 등품 ······ ☐ cm
- 앞품 ······ ☐ cm
- 허리둘레 ······ ☐ cm
- 등길이 ······ ☐ cm
- 옷길이 ······ ☐ cm
- 소매길이 ······ ☐ cm
- 소매둘레 ······ ☐ cm
- 소매부리 ······ ☐ cm

SAMPLE 5의 몸판은 일반적인 보텀업(BOTTOM-UP)의 형태이므로 계산 과정은 생략한다.
* 기본형의 계산 과정은 『한미란의 니트교실_ 대바늘편』 p.34~42 참고.

샘플에 사용한 실은 「랑(LANG)」사의 「이탈리안 트위드(ITALIAN TWEED)」이다.
4.5㎜ 대바늘로 메리야스뜨기를 떴을 때 10㎠에 들어가는 콧수는 17코, 단수는 25단이다.

다음에 나오는 도안을 보고 앞뒤 몸판을 뜬다.

뒤판

게이지 4.5mm = 17코 25단

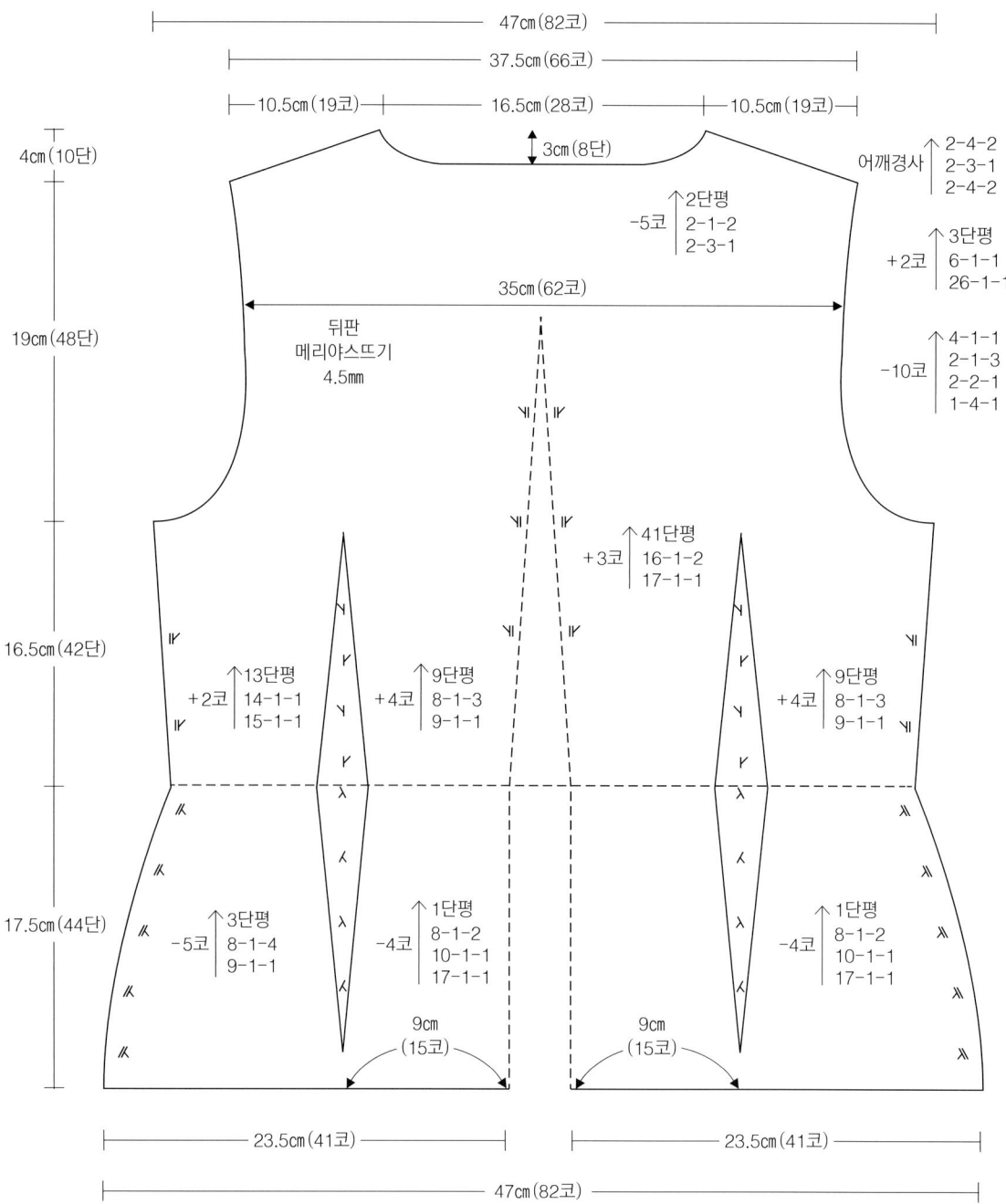

앞판

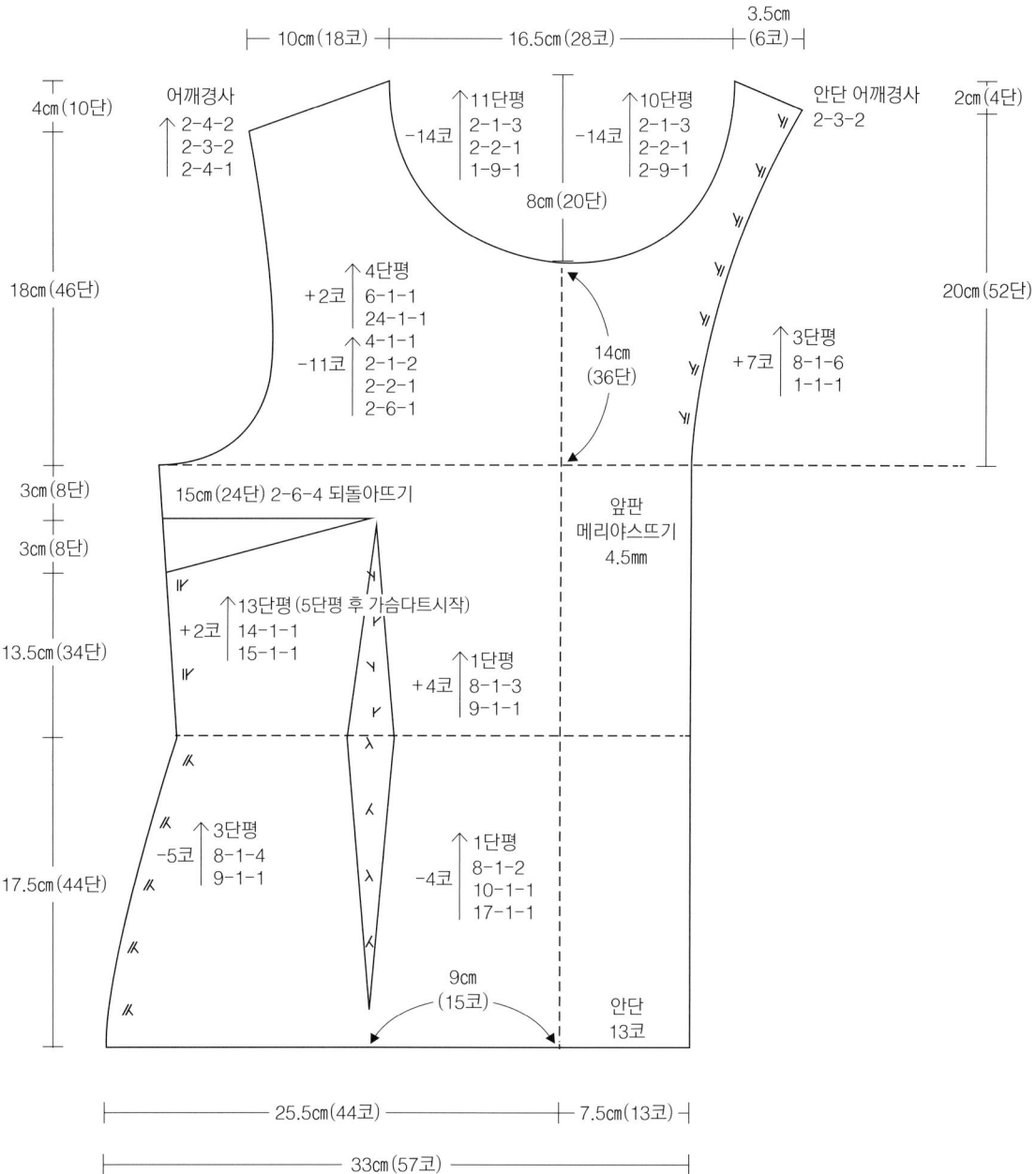

STEP 2

뒤판 뜨기

옆선과 다트

1 4.5mm 대바늘로 일반코잡기 82코를 잡아 메리야스뜨기 8단을 뜬다.
2 도안(p.140)처럼 옆선은 9-1-1, 8-1-4 코줄임하고 3단평을 뜬다. 동시에 허리다트는 17-1-1, 10-1-1, 8-1-2 코줄임하고 1단평을 뜬다.
3 도안(p.140)처럼 옆선을 15-1-1, 14-1-1 코늘림하고 13단평을 뜬다. 동시에 허리다트와 뒷중심다트를 뜬다.
   허리다트는 허리다트선에서 9-1-1, 8-1-3 코늘림하고 9단평을 뜬다.
   뒷중심다트는 뒷중심 겉뜨기 2코를 기준으로 좌우에서 17-1-1, 16-1-2 코늘림하고 41단평을 떠서 완성한다.

진동

1 도안(p.140)처럼 진동은 1-4-1, 2-2-1, 2-1-3, 4-1-1 곡선줄임을 한다.
2 이어서 26-1-1, 6-1-1 코늘림한 후 3단평을 뜬다.

어깨경사

1 어깨경사는 10단, 뒷목곡선은 8단이므로 어깨경사를 1회 하고, 뒷목곡선 줄임을 시작한다. 2-4-1 좌우 되돌아뜨기를 한다.
2 도안(p.140)처럼 오른쪽 어깨를 2-4-1, 2-3-1, 2-4-2 되돌아뜨면서 2-3-1, 2-1-2 곡선줄임하고 2단평을 떠서 뒷목곡선을 만든다.
3 남은 어깨 19코를 안전핀에 옮긴다. 어깨폭 5배의 실을 남기고 자른다.
4 실을 새로 연결하여 24코가 남을 때까지 코막음을 한다.
5 왼쪽 어깨도 오른쪽 어깨처럼 되돌아뜨기와 곡선줄임을 하여 완성한다.
6 남은 어깨 19코를 안전핀에 옮긴다. 어깨폭 5배의 실을 남기고 자른다.

STEP 3 입어서 오른쪽 앞판 뜨기

옆선과 다트

1. 4.5mm 대바늘로 일반코잡기 57코를 잡아 메리야스뜨기 8단을 뜬다.
2. 도안(p.141)처럼 옆선을 9-1-1, 8-1-4 코줄임하고 3단평을 뜬다.
   동시에 허리다트는 17-1-1, 10-1-1, 8-1-2 코줄임하고 1단평을 뜬다.
3. 도안(p.141)처럼 옆선을 15-1-1, 14-1-1 코늘림하고 5단평을 뜬다.
   동시에 9-1-1, 8-1-3 코늘림하여 허리다트를 뜬다.
4. 도안(p.141)처럼 2-6-4 되돌아뜨기로 가슴다트를 만든다.
5. 되돌아뜨기 정리단을 포함하여 8단평을 뜬다.

진동·앞목·어깨경사

1. 도안(p.141)처럼 진동은 2-6-1, 2-2-1, 2-1-2, 4-1-1 곡선줄임을 하고, 이어서 24-1-1, 6-1-1 코늘림한 후 4단평을 뜬다.
2. 도안(p.141)처럼 진동줄임과 동시에 안단을 1-1-1, 8-1-6 코늘림하고 3단평을 뜬다.
3. 도안(p.141)처럼 진동줄임과 안단 코늘림을 36단까지 뜬 후 앞목줄임을 시작한다.
4. 안단쪽 앞목줄임은 2-9-1, 2-2-1, 2-1-3 곡선줄임하고 6단평을 뜬 후, 2-3-2 되돌아뜨기로 안단 어깨경사를 뜬다.
5. 남은 6코를 안전핀에 옮긴다. 실을 15cm 남기고 자른다.
6. 몸판쪽 앞목줄임은 1-9-1, 2-2-1, 2-1-3 곡선줄임을 하고 1단평을 뜬 후 2-4-1, 2-3-2, 2-4-2 되돌아뜨기로 어깨경사를 뜬다.
7. 남은 어깨 18코를 안전핀에 옮긴다. 어깨폭 5배의 실을 남기고 자른다.
8. 안단부분에 심지를 붙인다. 심지는 시접1코 안쪽으로 붙인다.

STEP 4 입어서 왼쪽 앞판 뜨기

오른쪽 앞판과 대칭이 되게 뜬다.

STEP 5

몸판 잇기

1. 앞판의 안단 13코 위치에 버림실로 안단 위치를 표시하고 접어놓는다.
2. 앞판과 뒤판의 겉과 겉이 맞닿도록 놓고(뒤판 겉 - 안단 - 앞판 겉) 겉뜨기로 뜨면서 코막음을 하여 어깨를 잇는다. 뒤판 어깨가 앞판 어깨보다 1코 많으므로 어깨 중간부분에서 1코를 줄여 어깨를 잇는다.
3. 돗바늘로 앞판과 뒤판의 옆선을 옆선잇기(메트리스 스티치)로 잇는다.

앞뒤 몸판과 안단을 맞닿도록 놓았다.

STEP 6 마무리단 뜨기

겉 메리야스단 뜨기

1. 작품실에 얇은 버림실을 겹쳐서 4.5mm 대바늘로 코를 줍는다.
2. 시작은 입어서 오른쪽 옆선부터 한다. 밑단에서는 코마다 1코씩 줍고, 앞단은 3단에 2코씩 줍는다(게이지의 단수와 콧수 차이만큼 버리고 줍는다).
3. 목선에서는 2코 이상 줄인 곡선줄임 부분에서 코마다 1코씩 줍고, 1코씩 줄인 부분과 단평부분에서는 3단에 2코씩 줍는다.
4. 안단부분은 겹쳐진 상태로 코를 줍는다. 밑단과 앞목선의 모서리코는 마커로 표시한다.

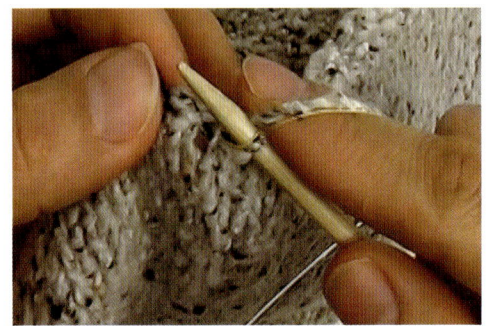

입어서 오른쪽 옆선부터 시작하여 밑단에서는 코마다 1코씩 줍는다.

안단부분은 겹쳐진 상태로 코를 줍는다.

모서리코에 마커를 걸어 표시한다.

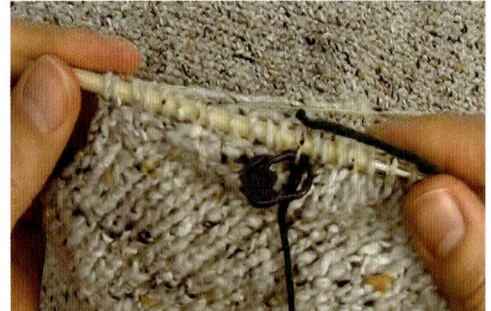

앞단에서는 3단에서 2코씩 줍는다.

전체 몸판에서 주운 콧수 = 앞밑단 43코 + 앞단 84코 + 앞목선 22코 + 뒷목선 32코 + 앞목선 22코 + 앞단 84코 + 앞밑단 43코 + 뒤밑단 80코 = 410코

5 마커로 표시한 모서리코의 앞뒤에서 바늘비우기를 하며 겉뜨기로 1단을 뜬다.

6 앞단에 바늘비우기를 한 코는 꼬아 떠서 구멍이 생기지 않게 하고, 모서리코의 앞뒤에서는 바늘비우기를 하며 겉뜨기로 1단을 뜬다.

7 겉뜨기로 뜨면서 코막음을 한다. 바로 앞단에 바늘비우기를 한 코는 꼬아 떠서 구멍이 생기지 않게 하고, 모서리코 주변은 약간 느슨한 느낌으로 코막음을 한다. 앞목과 뒷목 곡선에서 많이 휘어진 부분은 쫀쫀하게 코막음을 해서 자연스러운 곡선이 되게 한다.

모서리코 만들기

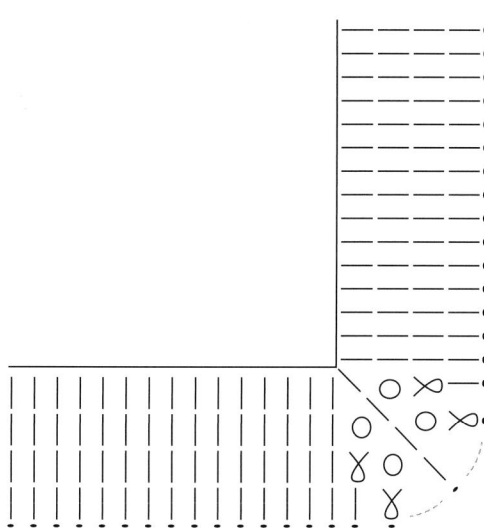

안 메리야스단 뜨기

1 자켓 안쪽이 보이도록 놓고, 작품실과 4.5㎜ 대바늘로 코를 줍는다. 입어서 오른쪽 옆선부터 시작하여 겉 메리야스단과 같은 위치에서 같은 콧수만큼 코를 줍는다.

2 겉 메리야스단과 같은 방법으로 뜨고 코막음을 한다.

메리야스단 마무리

1 겉과 안 메리야스단을 겹쳐 놓고 봉제용 실과 바늘로 코막음한 코의 반 쪽씩을 꿰맨다. 꿰매면서 사이즈가 줄지 않도록 주의한다.

2 장식용 브레이드를 메리야스단 위에 놓고 봉제용 실과 바늘로 꿰맨다. 시작은 입어서 오른쪽 옆선부터이다. 꿰매면서 치수가 줄지 않도록 주의한다.

겉과 안 메리야스 단이 떠진 상태.

메리야스 겉단과 안단을 봉제용 실과 바늘로 꿰맨다.

겉과 안 메리야스단이 꿰매진 상태.

장식용 브레이드를 메리야스단 위에 올려놓고 봉제용 실과 바늘로 꿰맨다.

STEP 6 마무리단 뜨기

STEP 7

소매 내려뜨기

진동둘레에서 코를 주워 되돌아뜨기로 소매산을 만들며 어깨선에서 소매부리방향으로 소매를 내려뜨는 보디 퍼스트 세트인의 소매를 떠보자.

보디 퍼스트 세트인 슬리브(Body First Set-in Sleeve)를 뜨는 과정은 크게 3가지이다.

> [1] 진동둘레에서 코를 줍는다.
> [2] 되돌아뜨기로 소매산을 뜬다.
> [3] 소매배래와 소매단을 뜬다.

[3]은 이미 익숙한 방법이니 [1], [2]에 대해 자세히 알아보자.

[1] 진동둘레에서 코줍기

소매를 톱다운(TOP-DOWN)으로 뜨기 위해서는 가장 먼저 진동둘레에서 코를 주워야 한다. 코를 주울 때 중요한 것은 2가지이다.

- **코를 주울 때 작품실과 버림실을 합사하여 줍는다.**
- **코를 주울 때 위치에 따라 3가지 비율로 코를 줍는다.**

• **코를 주울 때 작품실과 버림실을 합사하여 줍는다.**

1. 버림실은 얇고 작품실과 구분이 잘되는 색이 좋다.
2. 되돌아뜨기로 소매산을 뜨고 나면 소매 연결부위가 헐거워지므로 소매산을 뜬 후 코 잡은 실을 잡아당겨 소매 이음새를 깔끔하게 정리하는 것이 좋다.
3. 버림실의 위치를 보고, 몸판실과 코 잡은 실을 구분하여 잡아당긴다.

작품실과 버림실을 함께 잡고 코를 줍는다. 버림실은 얇고 구분이 잘되는 색을 사용한다.

• **코를 주울 때 위치에 따라 3가지 비율로 코를 줍는다.**

1 **위소매산**_ 소매통 너비의 1/6에 해당하는 치수로, 90% 비율로 코를 줍는다.

2 **중간소매산**_ 단평과 1코씩 코를 줄인 자리로, 50% 비율로 코를 줍는다.

3 **아래소매산**_ 2코 이상 줄인 곡선줄임 부분으로, 100% 비율로 코를 줍는다.

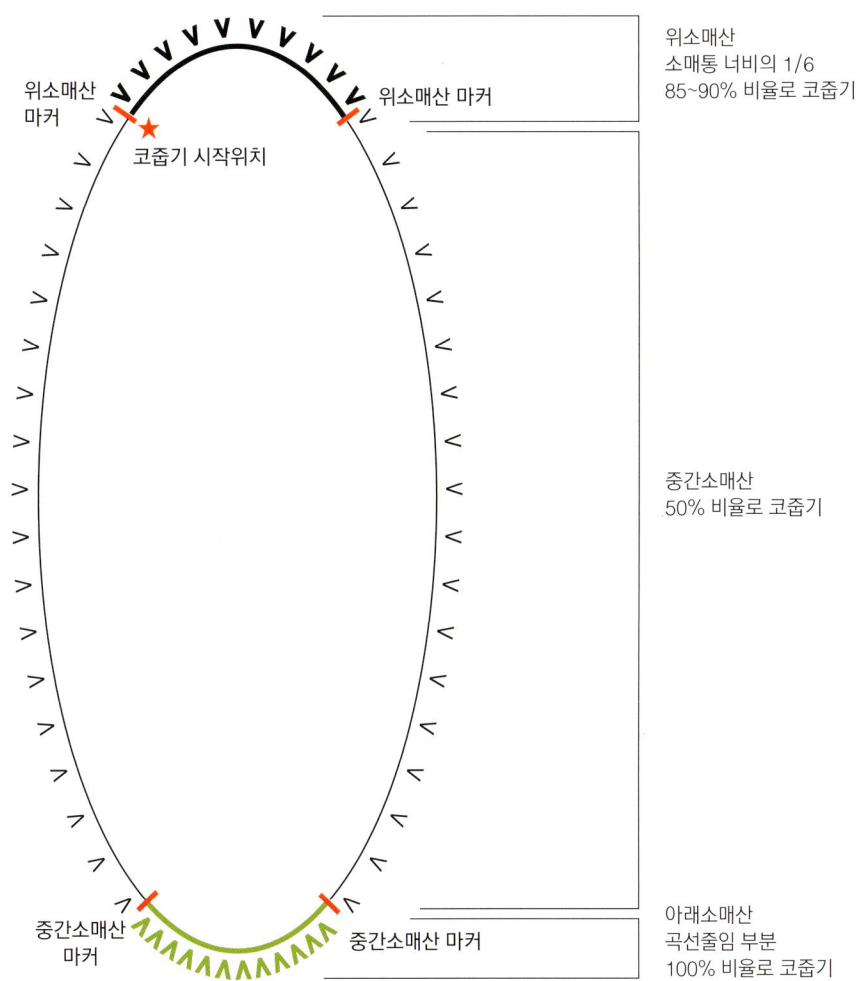

각각을 SAMPLE 5를 예로 들어 계산해보자.

1 위소매산_ 90% 비율로 코줄기

위소매산은 소매통 너비의 1/6에 해당한다. 이 치수를 구하기 위해 먼저 소매통의 너비를 구해야 한다. 소매통 너비를 구하기 위해 몸판 앞뒤의 진동둘레 길이를 잰다. 진동둘레 길이는 디자인에 따라 앞뒤가 같기도 하고 다를 수도 있다. 이미 떠놓은 앞판과 뒤판의 진동둘레를 줄자로 잰다. 이 때 곡선부분이 늘어나지 않도록 주의한다.

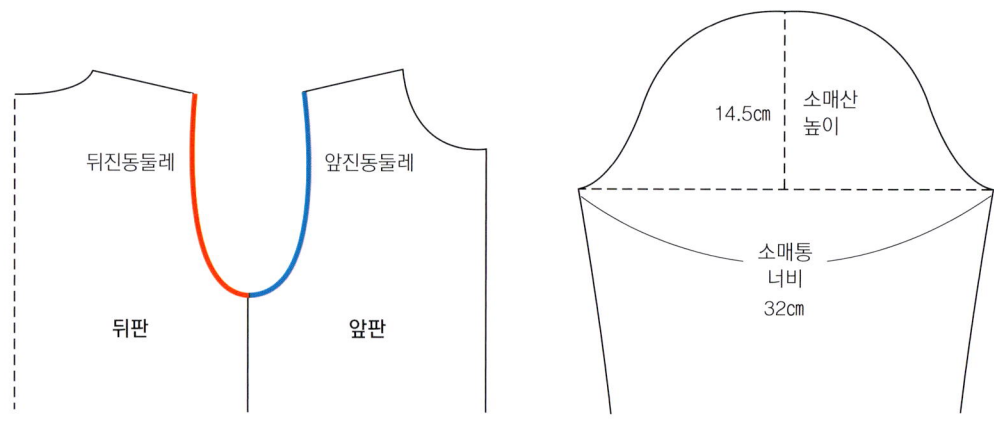

앞뒤 진동둘레

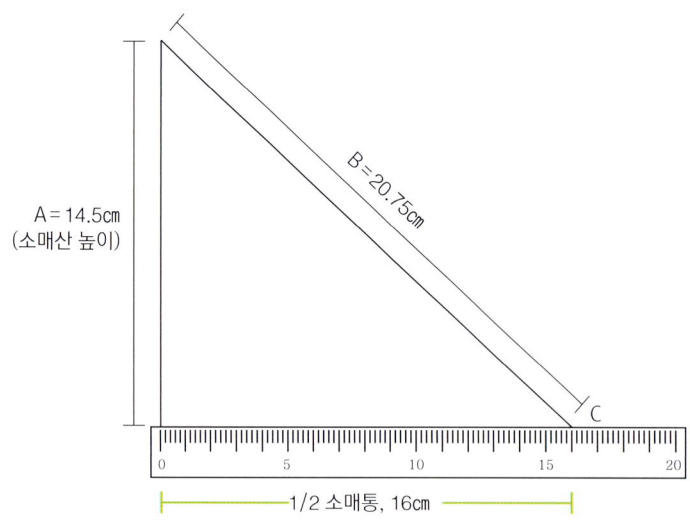

소매통 너비 구하기

앞진동둘레 = 21㎝, 뒤진동둘레 = 22.5㎝

- A(= 소매산 높이) = 앞뒤 진동둘레를 더한 후 3으로 나눈다.
  …… (21㎝ + 22.5㎝) ÷ 3 = 14.5㎝

- B = 앞뒤 진동둘레를 더한 후 2로 나누고, 다시 1을 뺀다.
  …… (21㎝ + 22.5㎝) ÷ 2 − 1 = 20.75㎝

- C = 자(p.152 그림)의 0에서 소매산 높이(14.5㎝) 만큼 수직선을 그린다. 소매산 높이 끝선에서 B만큼(20.75㎝) 떨어져 자에 닿는 선을 긋는다. C의 숫자를 확인한다.
  …… 16㎝

- 소매통 너비 = C의 2배
  …… 16㎝ × 2 = 32㎝

- 위소매산 = 소매통 너비 × 1/6
  …… 32㎝ ÷ 6 = 5.3㎝

- 5.3㎝ × 단수 게이지* = 5.3㎝ × 2.5단
  …… 13.25단 → 12단 (어깨선에서 앞판과 뒤판이 같은 거리만큼 떨어지기 위해 짝수단으로 수정한다.)

어깨선을 기준으로 양쪽 6단 위치(P.151 참고)에 마커로 표시한다.
(편의상 「위소매산 마커」라고 하자.)
왼쪽 마커가 코를 줍기 시작하는 위치가 된다.
마커가 표시된 부분에서는 단수의 90% 비율로 코를 줍는다.
12단 × 0.9 = 10.8코 → 10코
왼쪽 마커에서 시작해서 오른쪽 마커까지 총 10코를 줍는다.

* 샘플에 사용한 실은 「랑(LANG)」 사의 「이탈리안 트위드(ITALIAN TWEED)」이다.
  4.5㎜ 대바늘로 메리야스뜨기를 떴을 때 10㎠에 들어가는 콧수는 17코, 단수는 25단이다.

2   중간소매산_ 50%비율로 코줍기

중간소매산 부분은 단평과 1코씩 코줄임한 자리이다. SAMPLE 5의 진동줄임은 옆과 같다.

1코 이상씩 줄이기 시작한 단을 마커로 표시한다(편의상 「중간소매산 마커」라 하자. p.151 참고). 1코씩 줄인 단과 단평부분만 계산한다.

진동줄임

뒤판	앞판
3단평	3단평
6-1-1	6-1-1
26-1-1	24-1-1
4-1-1	4-1-1
2-1-3	2-1-2
2-2-1 ⎤ 곡선	2-2-1 ⎤ 곡선
1-3-1 ⎦ 줄임	1-6-1 ⎦ 줄임

뒤판

- 총 48단 중 곡선줄임(=2코 이상 줄임)에 해당하는 4단을 뺀다.
   ······ 48단-4단=44단
- 소매통 너비의 1/6에 해당하는 6단을 뺀다.
   ······ 44단-6단=38단
- 그러므로 코줍기를 하는 단은 38단이다.
- 50%의 비율로 줍는 코
   ······38단×0.5=19코
- 뒤판의 위소매산 마커와 중간소매산 마커 사이에서 19코를 줍는다.

앞판

- 총 46단 중 곡선줄임(=2코 이상 줄임)에 해당하는 4단을 뺀다.
   ······ 46단-4단=42단
- 소매통 너비의 1/6에 해당하는 6단을 뺀다.
   ······ 42단-6단=36단
- 그러므로 코줍기를 하는 단은 36단이다.
- 50%의 비율로 줍는 코
   ······36단×0.5=18코
- 앞판의 위소매산 마커와 중간소매산 마커 사이에서 18코를 줍는다.

위소매산 마커와 중간소매산 마커만 정확하게 표시해 놓으면 50%의 비율로 코를 줍는 부분은 계산을 생략하고 2단에 1코씩만 코를 줍는다.

3 아래소매산_ 100% 비율로 코줍기

아래소매산은 곡선줄임 부분이다.

여기에서는 100%의 비율로 코를 줍는다. 즉, 줄인 콧수만큼 코를 줍는다.

뒤판

2-2-1
1-3-1 } 5코 줄임

앞판과 뒤판을 이을 때
시접 1코가 없어졌으므로 4코를 줍는다.

앞판

2-2-1
1-6-1 } 8코 줄임

앞판과 뒤판을 이을 때
시접 1코가 없어졌으므로 7코를 줍는다.

진동둘레에서 주운 콧수는 모두 58코이다.

90% 비율로 코줍기(10코)+50% 비율로 코줍기(뒤판 19코, 앞판 18코)+100% 비율로 코줍기(뒤판 4코, 앞판 7코)=58코

[2] 되돌아뜨기로 소매산 만들기

위소매산 마커와 중간소매산 마커는 되돌아뜨기의 기준점이 된다.

일반적인 니트의 경우 앞뒤 진동줄임이 동일한 경우가 많다. 이런 경우에는 중간소매산 마커를 그대로 사용한다. 그러나 SAMPLE 5는 자켓이라 앞뒤의 진동둘레 길이와 곡선줄임 콧수가 스웨터와 다르다. 그래서 중간소매산 마커의 위치를 조정해야 한다. 옆선을 기준으로 뒤판에서 4코, 앞판에서 7코를 주웠으므로 이 둘의 평균인 5코를 이용한다. 옆선을 기준으로 5코씩 지난 자리에 중간소매산 마커를 옮긴다.

이번에는 중간소매산 마커와 색상이 다른 마커를 좌우 중간소매산 마커에서 5코 지난 위치에 표시한다. 편의상 「사이드 마커」라고 부르자.

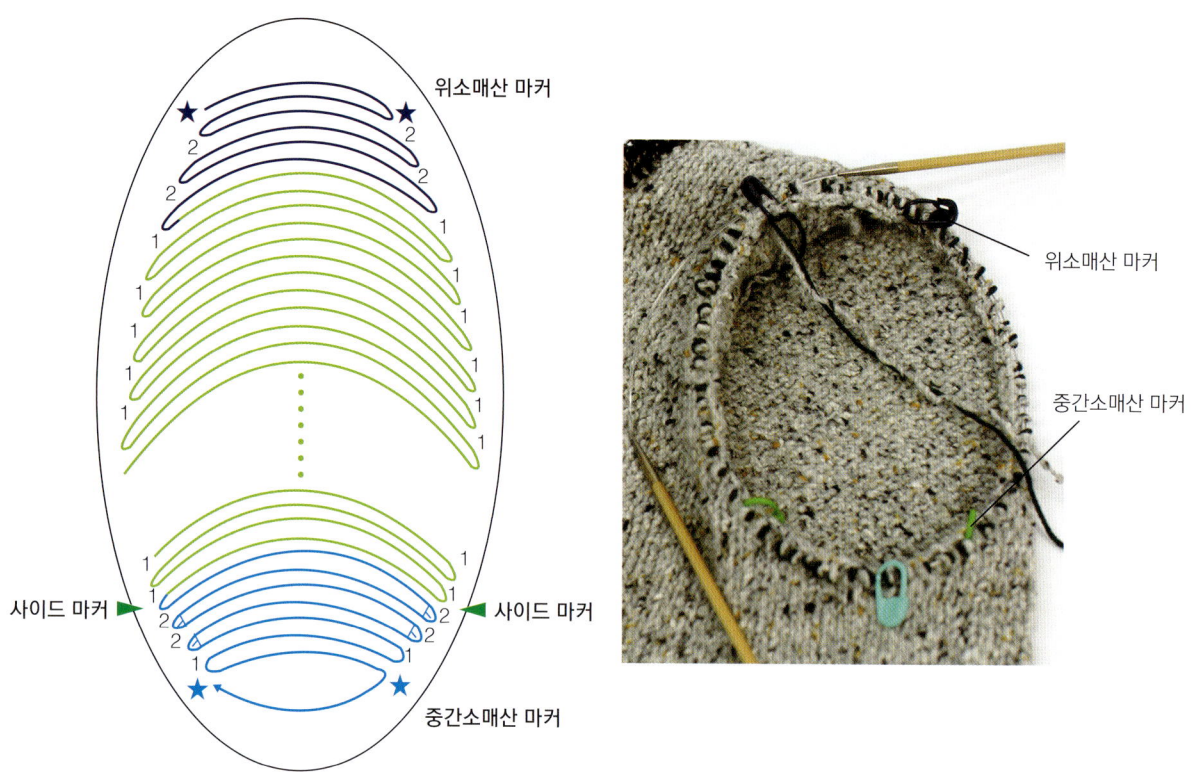

1 2코씩 되돌아뜨기

코줍기 시작위치에서 왼쪽 위소매산 마커까지 10코를 겉뜨기로 뜨고 되돌아뜬다.

1코를 안뜨기방향으로 빼주고 뜨던 실에 마커를 끼운 후 오른쪽 위소매산 마커까지 9코를 안뜨기로 뜨고 되돌아뜬다.

1코를 안뜨기방향으로 빼주고 뜨던 실에 마커를 끼워 겉뜨기로 왼쪽 1번째 되돌아뜨기한 곳까지 뜬다.

다음 코와 마커가 달린 부분을 함께 떠서 되돌아뜨기를 정리하고, 1코를 더 뜨고 되돌아뜬다.

같은 방법으로 오른쪽 1번째 되돌아뜨기한 곳을 정리하고, 1코를 더 뜨고 되돌아뜬다.

2코씩 되돌아뜨기를 1번 더 반복한다.

2 1코씩 되돌아뜨기

지금부터는 사이드 마커가 있는 곳까지 1코씩 되돌아뜨기를 한다. 즉, 앞의 단에 되돌아뜬 코를 정리하고 바로 되돌아뜨기를 한다.

3 코줄이며 되돌아뜨기

겨드랑이 시작부분에서 소매가 불룩해지는 것을 막기 위해 사이드 마커부터는 2코씩 되돌아 뜨고, 정리단을 뜨면서 1코씩 줄인다.

겉뜨기로 정리단을 뜰 때는 오른코겹치기로, 안뜨기에서 정리단을 뜰 때는 왼코겹치기로 코줄임을 한다.

2회 반복한다. 좌우 중간소매산 마커까지 1코씩이 남아 있다.

사이드 마커를 지나 1번째 2코씩 되돌아뜬 자리의 마지막 2코를 오른코겹치기로 뜬 후 되돌아뜨기를 정리하고, 다시 2코씩 되돌아뜨기를 한다.

반대편 2코 되돌아뜬 자리의 마지막 2코를 안뜨기 왼코겹치기한 후 되돌아뜨기를 정리하고, 다시 2코씩 되돌아뜨기를 한다.

4 1코씩 되돌아뜨기

좌우 1코씩 되돌아뜨기를 1번 더 진행한다. 오른쪽 마지막 되돌아뜨기를 하면서 왼쪽 마지막 되돌아뜨기를 정리하고, 겨드랑이 중심까지 온다.

소매산 되돌아뜨기가 끝난 상태. 되돌아뜨기로 느슨해져 소매와 몸판의 이음선이 매끄럽지 않다.

5 환편뜨기 시작

되돌아뜨기가 모두 끝났으므로 지금부터는 환편으로 뜬다.

겉뜨기로 뜨다가 오른쪽 마지막 되돌아뜬 자리에 오면 되돌아뜬 코의 1코 전의 코와 마커가 달린 부분을 함께 떠서 되돌아뜨기를 정리한다.

소매산이 다 떠졌고, 바늘에 걸린 소매의 총 콧수는 54코이다.

6 소매를 안쪽이 보이게 뒤집어 놓고, 코를 주운 반대방향으로 코 주운 실을 잡아당긴다. 이 때 진동둘레가 좁아지지 않도록 주의한다. 버림실을 제거한다.

코를 줍기 시작한 반대방향으로 코를 주운 작품실과 버림실을 잡아당긴다.

되돌아뜨기로 느슨해졌던 진동선이 매끄럽게 정리된다.

[3] 소매배래와 소매단 뜨기

1 소매배래

도면(p.159)처럼 8-1-7 소매배래선 양옆에서 왼코겹치기, 오른코겹치기로 코줄임을 한다.
바늘에 걸린 총 콧수는 40코.
54단을 단평으로 뜨고 코막음을 한다.
소매길이는 입어보면서 조절할 수 있다.

2 소매단

코잡은 위치를 알아볼 수 있게 작품실에 버림실을 합사하여, 4.5㎜ 바늘(40㎝)로 코막음자리에서 다시 같은 콧수만큼 코를 주워 겉뜨기로 3단을 뜨고 4번째 단에서 코막음한다.
소매 안쪽에서 같은 콧수만큼 코를 주워 겉뜨기로 3단을 뜨고 4번째 단에서 코막음한다.
몸판의 메리야스 마무리단과 같은 방법으로 소매단을 마무리한다.

소매길이보다 1㎝ 짧게 뜬 후 코막음을 한다.

코막음을 한 자리에서 다시 코를 주워 메리야스뜨기 3단을 뜬 후 코막음을 한다. 코를 주울 때 버림실을 끼워 줍는다.

소매 안쪽에서 같은 콧수만큼 코를 줍고, 메리야스뜨기 3단을 뜬 후 코막음을 한다.

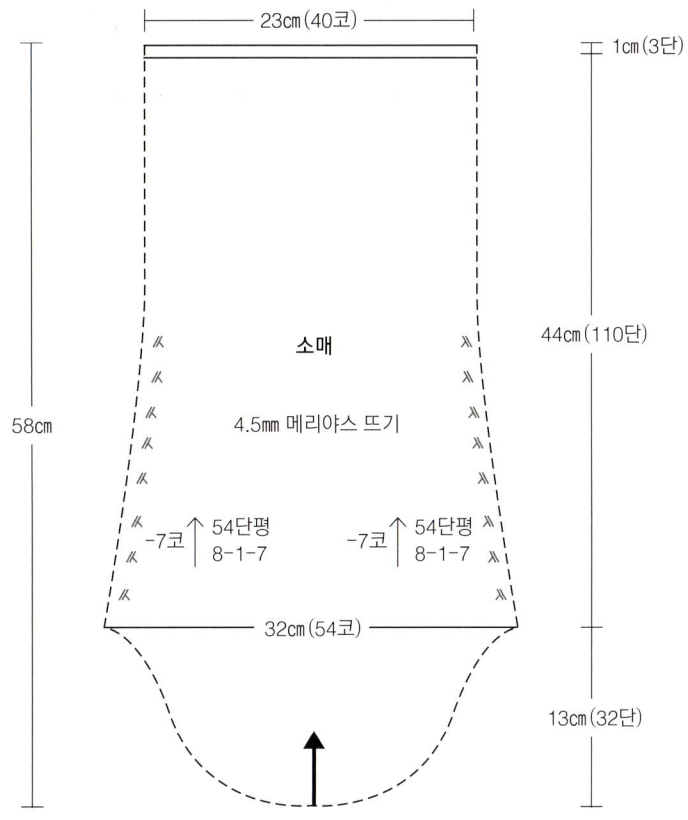

소매단에 브레이드를 달아 완성한다.

STEP 8 장식주머니 달기

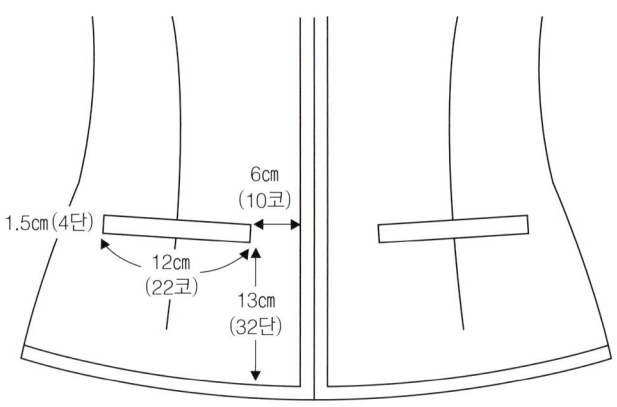

장식주머니 위치

1. 버림실과 코바늘로 사슬코를 22코 만든다.
2. 4.5㎜ 대바늘과 작품실로 사슬코에서 22코를 주워 메리야스뜨기 4단을 뜬다(코 주운 단을 겉뜨기 1단으로 친다).
3. 코막음을 한다. 실을 25㎝ 남기고 자른다.
4. 똑같이 1장을 더 뜬다.
5. 사슬코를 풀어 바늘에 코를 옮겨둔다.
6. 장식주머니를 달 위치에 버림실로 표시한다.

장식주머니.

장식주머니가 달릴 위치에 버림실을 이용하여 표시한다.

7 몸판 위에 장식주머니를 올려놓고 옆선은 옆선잇기로, 아랫부분은 겉뜨기에서의 메리야스잇기로 몸판에 붙인다. 양끝의 반 코를 시접코로 한다.

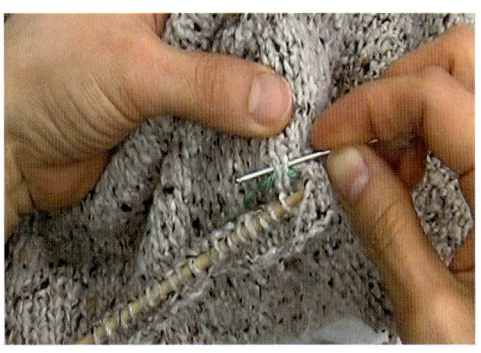

장식주머니의 사슬코를 풀어 대바늘에 옮긴 후 주머니가 달릴 위치에 놓는다.

겉뜨기의 ㄷ자봉접으로 주머니를 몸판에 단다.

8 봉제용 실과 바늘을 이용하여 장식용 브레이드를 주머니 위에 고정시킨다.

STEP 9 걸고리 달기

메리야스 겉단과 안단 사이에 9㎝ 간격으로 걸고리를 단다.

SAMPLE
6

SET-IN SLEEVE
세트인 슬리브

몸판과 소매를 동시에 뜨는 페플럼 자켓

SAMPLE 6을 뜨기 위해서는 SAMPLE 5를 충분히 이해하고 있어야 한다. 아직 SAMPLE 5를 뜨지 않았다면 먼저 떠보기를 추천한다.
SAMPLE 5는 「보디 퍼스트 세트인 슬리브(Body First Set-in Sleeve)」 방식으로 뜬 라운드 자켓으로, 기존의 보텀업(BOTTOM-UP) 방식으로 몸판을 먼저 뜬 다음, 진동둘레에서 코를 주워 소매만 톱다운(TOP-DOWN) 방식으로 떴다.
SAMPLE 6은 사이멀테니어스 세트인 슬리브(Simultaneous Set-in Sleeve) 방식으로, 몸판과 소매를 동시에 톱다운(TOP-DOWN) 방식으로 뜬다.

실의 색상이 그라데이션이라면 톱다운으로 뜰 경우 컬러가 중단되지 않고 이어져서 아름답다.

SAMPLE 6 세트인 슬리브 • 몸판과 소매를 동시에 뜨는 페플럼 자켓

STEP 0 톱다운 세트인 슬리브의 이해

세트인 슬리브를 톱다운 방식으로 뜨는 것은 새로운 공식이나 계산법이 따로 있는 것이 아니다. 보텀업(BOTTOM-UP)으로 뜨던 것을 역순으로 떠서 내려가는 것이다. 다른 점이 있다면 몸판과 소매를 동시에 뜬다는 점이다. 어렵게 생각할 것 없이 기존에 사용하던 도안을 뒤집어 놓으면 된다.

p.170~171은 익숙히 보아오던 보텀업 방식의 도안이다. 이 도안을 위아래로 뒤집어 놓은 톱다운 방식이 p.172~173이다. 달라지는 것은 없다. 모든 보텀업 방식의 세트인 슬리브 디자인은 언제든지 톱다운 방식으로 바꾸어 뜰 수 있다. 그러나 처음에는 낯설어서 어려울 수 있으니 톱다운 세트인 슬리브가 처음이라면 여기에 있는 작품을 먼저 따라 떠보는 것을 추천한다. 몸판과 소매를 같이 뜨는 사이멀테니어스 세트인 슬리브(Simultaneous Set-in Sleeve)는 뒤판 어깨경사부터 뜨기 시작한다. 가장 중요한 부분은 소매를 뜨기 시작하는 위치이다.

SAMPLE 5에서 소매통을 구하는 방식과 소매통의 1/6 위치에서 90%의 비율로 소매 코줄기 방법은 SAMPLE 6에서도 똑같이 적용된다(p.152~155 참고). 어깨경사를 뜨면서 앞판과 뒤판을 연결하여, 어깨 끝점에서의 치수가 소매통의 1/6이 될 때까지 뜬다. 이 위치가 소매가 시작되는 위치이다. 이 위치에서 소매산 중심부분의 코를 90%의 비율로 줍고 이후부터는 몸판과 소매를 함께 떠내려간다.

SAMPLE 5에서 50%의 비율로 코를 주워 되돌아뜨기를 했던 소매산의 중간부분을 SAMPLE 6에서는 2단에 1번씩 코늘림 방법으로 뜬다. 2단에 1번씩 소매코를 늘리면서 몸판의 진동곡선이 시작되는 위치까지 뜬다.

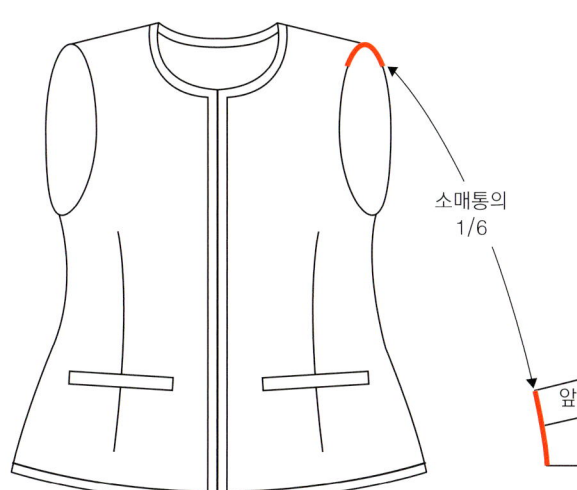

몸판쪽 진동곡선 코늘림을 하고 동시에 소매쪽 코도 계속해서 2단에 1번씩 늘려준다. 여러 코를 한 번에 늘리는 겨드랑이코는 SAMPLE 1, 2에서처럼 사슬코를 이용하여 만들고, 몸판과 소매를 분리한다. 소매를 분리한 다음부터는 기존의 톱다운 방식과 동일하다.

자세한 내용은 샘플을 함께 뜨면서 익혀보자.

STEP 1

치수 정하기

SAMPLE 6은 여성사이즈 66이 기준이다.
신체 각 부위의 치수를 줄자로 재서 사용한다.

SAMPLE 6에 사용한 실은「프랑스 필다르(PHILDAR)」사의「필소프트(PHIL SOFT+)」2겹이다.
5.5㎜ 대바늘로 메리야스뜨기를 떴을 때 10㎠안에 들어가는 콧수는 17코, 단수는 24단이다.

SAMPLE RULE

가슴둘레 88 cm + 여유분 10 cm

- 어깨넓이 ·············· 36.5cm
- 등길이 ·············· 37.5cm
- 옷길이 ·············· 64cm
- 소매길이 ·············· 57.5cm
- 소매통 ·············· 36cm
- 소매부리 ·············· 27.5cm

FOR MYSELF

가슴둘레 ☐ cm + 여유분 ☐ cm

- 어깨넓이 ·············· ☐ cm
- 등길이 ·············· ☐ cm
- 옷길이 ·············· ☐ cm
- 소매길이 ·············· ☐ cm
- 소매통 ·············· ☐ cm
- 소매부리 ·············· ☐ cm

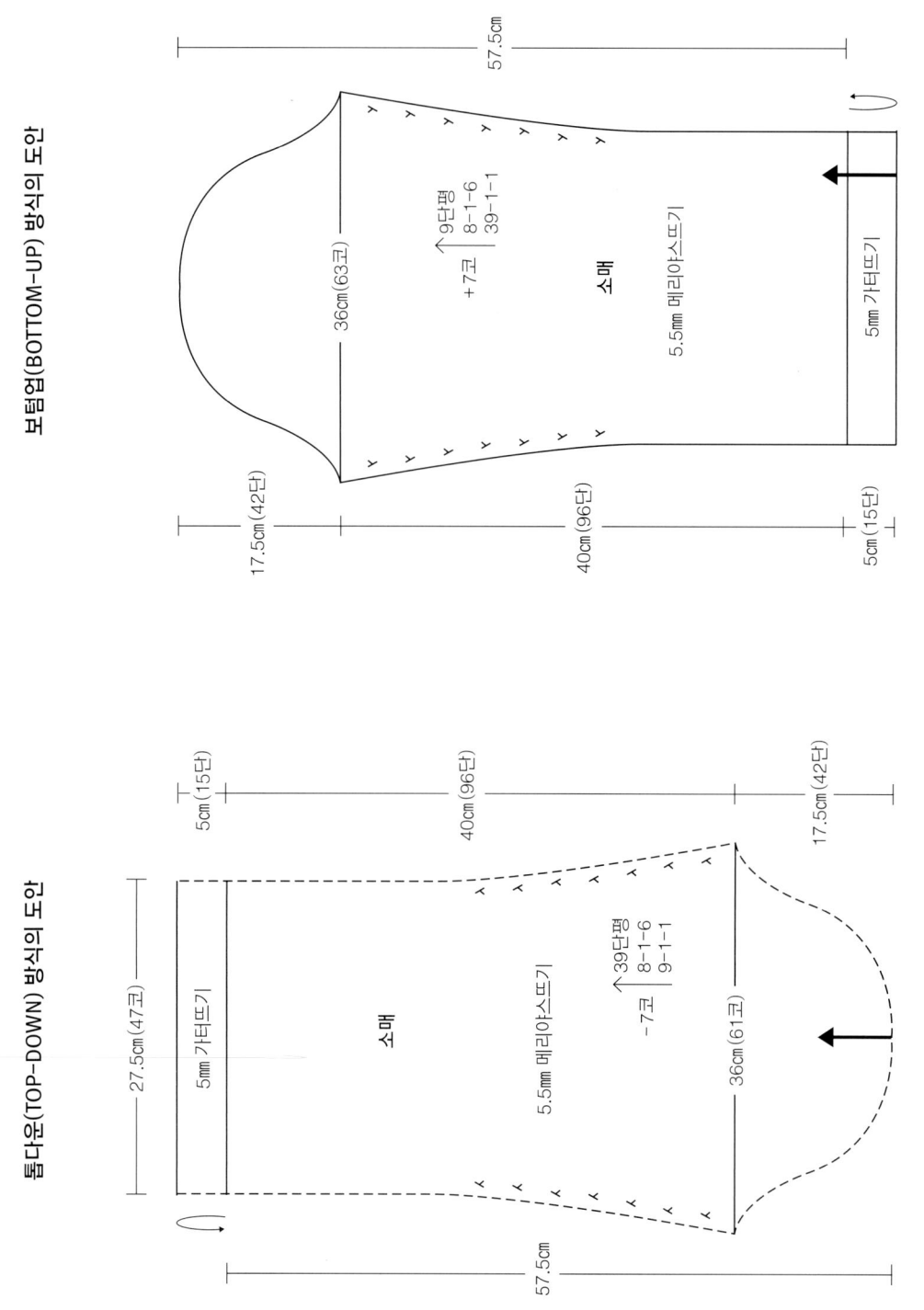

STEP 1 치수 정하기

보텀업(BOTTOM-UP) 방식의 도안_ 뒤판

게이지 5.5mm = 17코 24단

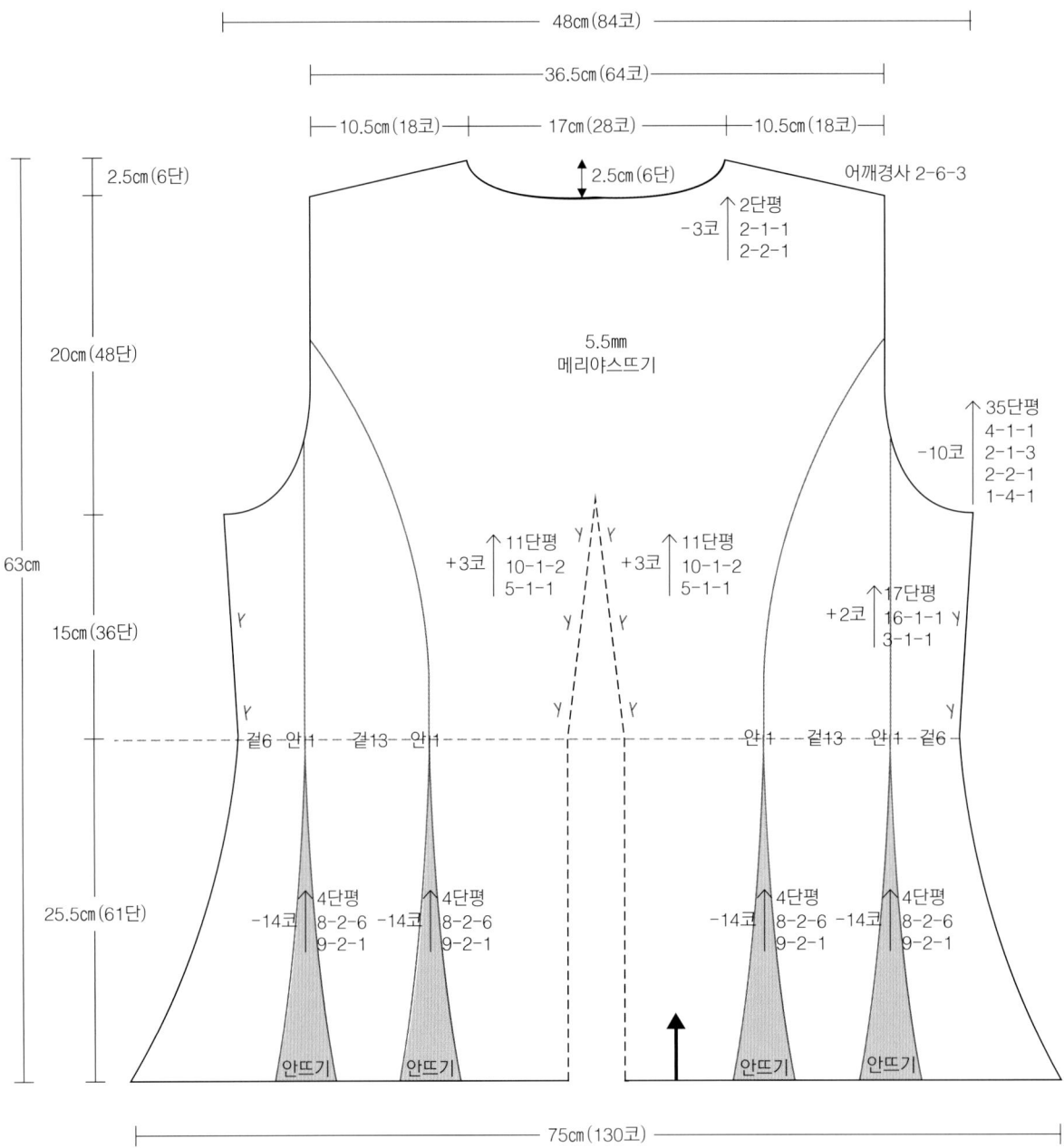

보텀업(BOTTOM-UP) 방식의 도안_ 앞판

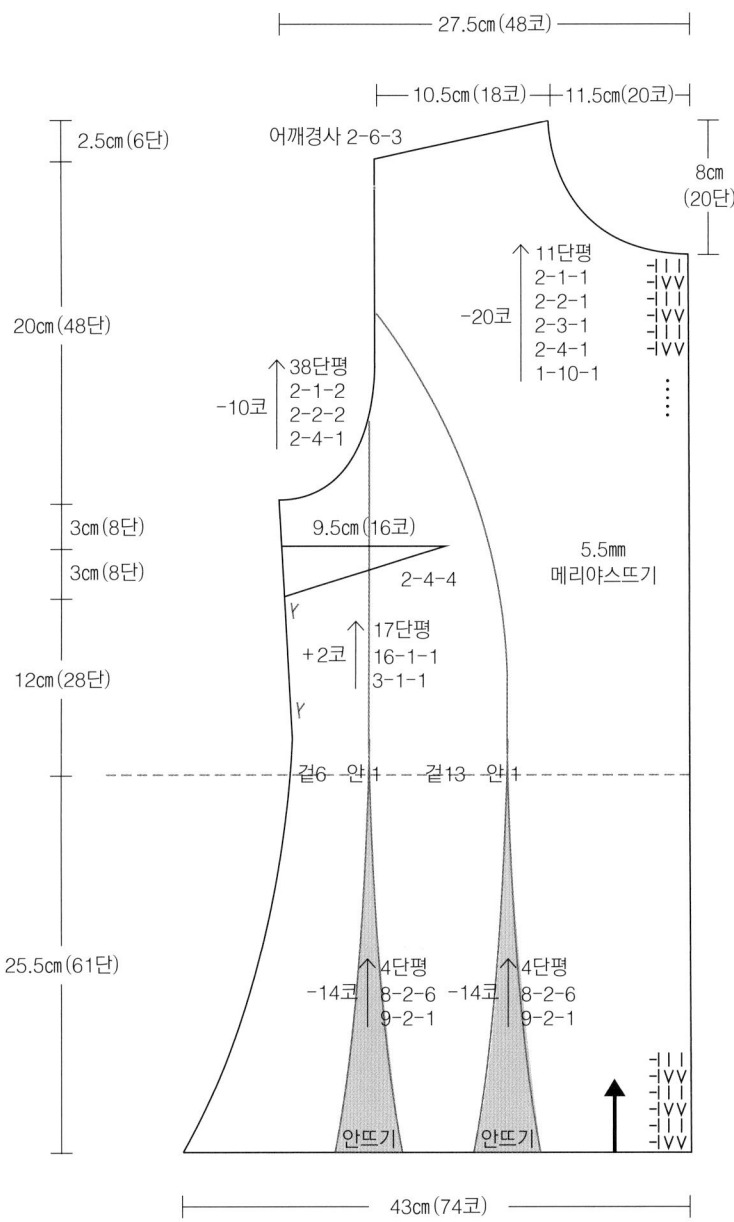

톱다운(TOP-DOWN) 방식의 도안_ 뒤판

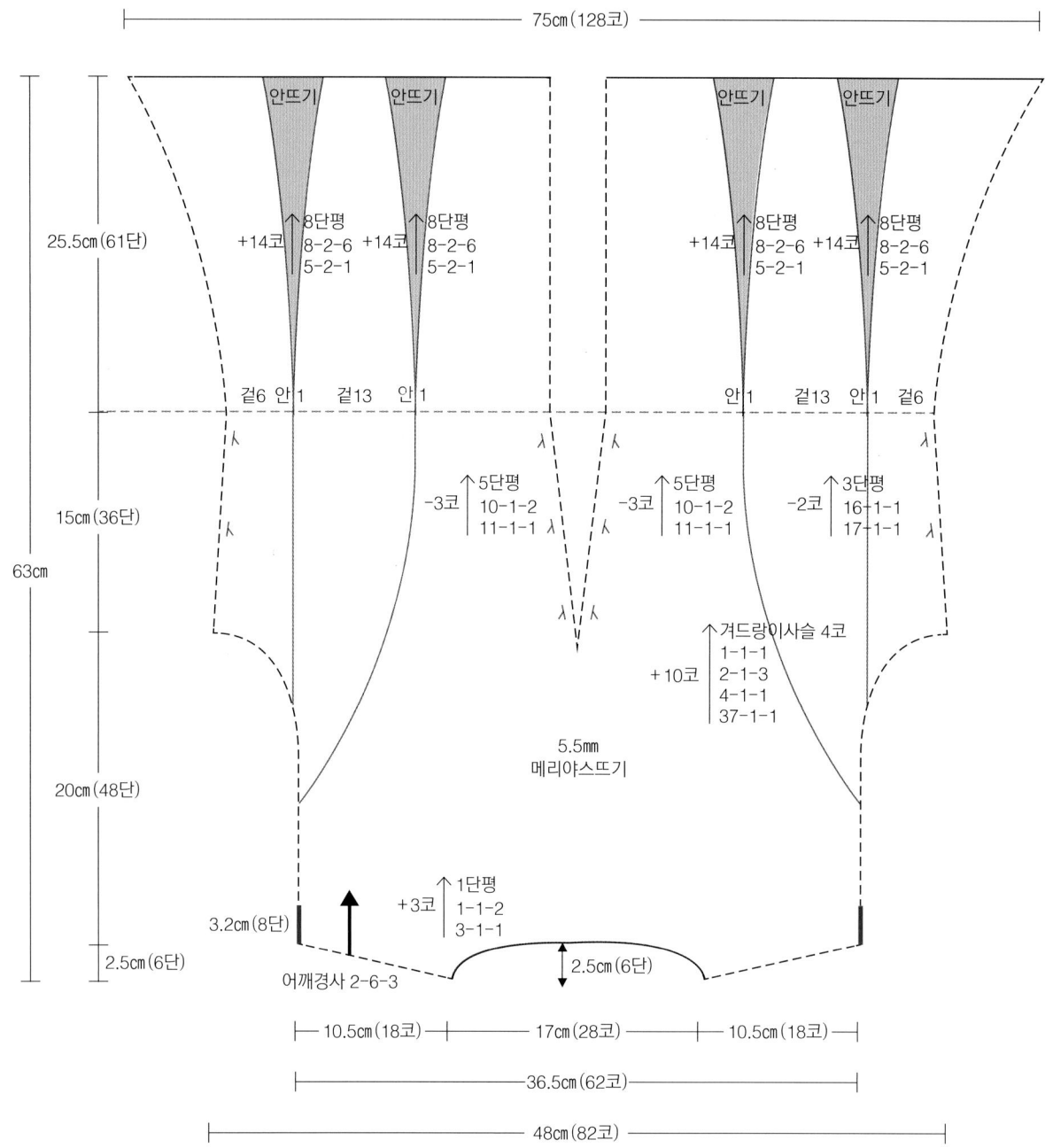

보텀업과 톱다운 방식 도안의 차이점

1. 어깨, 진동, 옆선은 이어서 뜨기 때문에 점선으로 표시한다.
2. 떠가는 방향을 표시하는 화살표 방향이 반대가 된다.

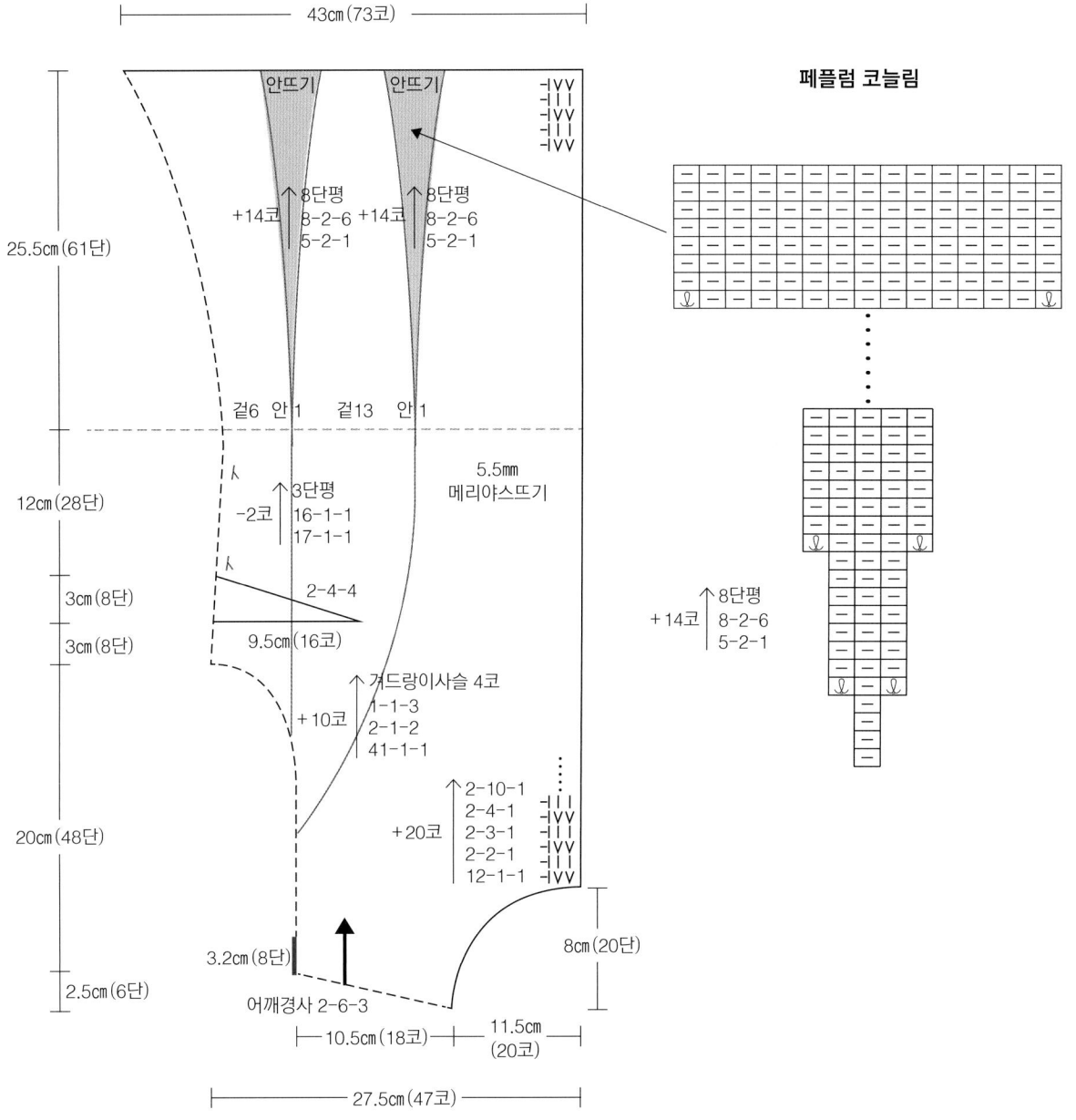

3   보텀업에서 코줄임(-)은 톱다운에서는 코늘림(+)이 된다.
    보텀업에서 코늘림(+)은 톱다운에서는 코줄임(-)이 된다.
4   진동곡선의 2-2-1은 1-1-2로 바뀐다.
    * p.176의 〈꼭 기억해야 할 POINT〉 참고.
5   톱다운 도안에는 시접콧수가 포함되지 않는다.

STEP 2 앞뒤판 어깨경사 뜨기

뒤판_ 입어서 오른쪽 어깨

1. 5.5mm 대바늘과 필소프트 2겹으로 일반코잡기 18코를 만든다.
2. 안뜨기로 1단을 뜬다.
3. kfb*→겉뜨기 5코→되돌아뜨기.
4. 1코를 안뜨기방향으로 빼고, 뜨던 실에 마커를 끼운다. 안뜨기 6코를 뜬다.
5. kfb→겉뜨기 6코→다음 코와 마커에 걸린 실을 함께 겉뜨기→겉뜨기 5코→되돌아뜨기.
6. 1코를 안뜨기방향으로 빼고, 뜨던 실에 마커를 끼운다.
   안뜨기 11코→pfb*→안뜨기 1코.
7. 실을 15cm 남기고 끊는다.

* kfb, pfb는 p.176의 〈꼭 기억해야 할 POINT〉를 참고.

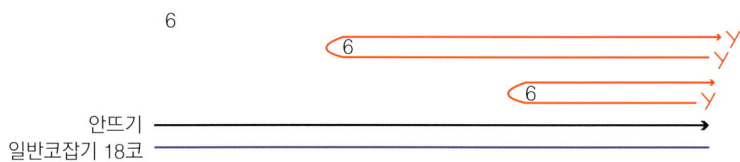

입어서 오른쪽 어깨가 떠진 상태.

뒤판_ 입어서 왼쪽 어깨

1. 5.5㎜ 대바늘과 필소프트 2겹으로 일반코잡기 18코를 만든다.
2. 안뜨기로 1단을 뜬다.
3. 겉뜨기 16코→kfb→겉뜨기 1코.
4. 안뜨기 7코→되돌아뜨기.
5. 1코를 안뜨기방향으로 빼고, 뜨던 실에 마커를 끼운다.
   겉뜨기 4코→kfb→겉뜨기 1코.
6. pfb→안뜨기 7코→다음 코와 마커에 걸린 실을 함께 안뜨기→안뜨기 5코→되돌아뜨기.
7. 1코를 안뜨기방향으로 빼고, 뜨던 실에 마커를 끼운다. 단의 끝까지 겉뜨기.

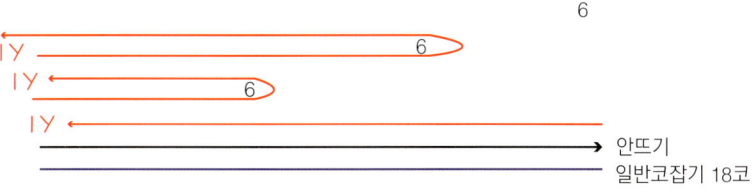

입어서 왼쪽 어깨가 떠진 상태. 오른쪽 어깨보다 1단이 더 떠진 상태.

꼭 기억해야 할 POINT

시접 없이 톱다운을 뜨다보면 단마다 코를 늘려야 하는 경우가 생긴다.

예를 들어, 뒷목곡선과 진동곡선을 만들 때, 2단에 2코를 늘려야 한다면 1단에 1코씩 2번으로 바꾸어 늘린다.

2—2—1 → 1—1—2

코를 늘리는 방법에는 여러 가지가 있다. 그 중에서 kfb와 pfb는 늘린 조직에 늘어짐이 적어서 위의 경우처럼 단마다 코늘림을 해야 할 때 많이 사용하는 방법이다.

kfb(knit front and back)_ 겉뜨기를 코 앞에서 1번 뜨고, 왼쪽 바늘에서 코를 빼지 않은 상태로 같은 코의 뒤에서 1번 더 뜬다. 뒤에서 뜬 코가 늘어난 코가 된다.

1번째 코 앞에서 겉뜨기를 뜨고, 왼쪽 바늘에 코를 빼지 않은 상태로 둔다.

같은 코 뒤에 다시 겉뜨기를 뜬다. 뒤에서 뜬 코가 늘어난 코가 된다.

pfb(purl front and back)_ 안뜨기를 코 앞에서 1번 뜨고, 왼쪽 바늘에서 코를 빼지 않은 상태에서 같은 코의 뒤에서 1번 더 뜬다. 뒤에서 뜬 코가 늘어난 코가 된다.

끝에서 2번째 코 앞에서 안뜨기를 뜨고, 왼쪽 바늘에서 코를 빼지 않은 상태로 둔다.

같은 코 뒤에서 다시 안뜨기를 뜬다. 뒤에서 뜬 코가 늘어난 코가 된다.

[kfb → 나머지 겉뜨기 → 안뜨기 1단] ×3회 → [kfb → 나머지 겉뜨기 → 2코 남을 때까지 안뜨기 → pfb → 안뜨기 1코] ×3회.
오른쪽 끝에 1코를 남겨두고 코가 늘어났다.

환편뜨기는 항상 겉면만 보고 뜨기 때문에 문제되지 않지만, 평면뜨기에서 단마다 코늘림을 할 때에는 늘어나는 코의 위치에 주의해야 한다.

예를 들어, 평면뜨기로 진동늘림을 하는 경우

겉면에서는 진동의 첫 코를 kfb로 떴다면 안쪽면에서는 진동끝에서 2번째 코에 pfb 하고, 마지막코를 안뜨기로 떠야 같은 위치에서 늘어나게 된다.

뒤에서 뜬 코가 늘어나는 코가 된다는 것을 기억하고, 늘릴 때마다 늘어난 코의 위치를 확인하면서 늘려준다.

뒤판_ 양쪽어깨 연결하기

1 입어서 왼쪽 어깨를 뜨던 실과 별도의 작품실(약 60㎝)을 같이 잡고 일반코잡기로 23코를 만든다. 마지막 1코는 입어서 오른쪽 어깨를 연결할 때 오른코겹치기로 1코를 줄여서 조직 사이가 벌어지지 않게 잡아주는 역할을 한다.
2 입어서 오른쪽 어깨의 첫 코를 겉뜨기로 뜨고, 일반코잡기의 23번째 코로 덮어 씌운다. 겉뜨기 14코→다음 코와 마커에 걸린 실을 함께 겉뜨기→겉뜨기 5코.
3 안뜨기 58코→다음 코와 마커에 걸린 실을 함께 안뜨기→안뜨기 5코.
4 겉뜨기로 시작하여 메리야스뜨기 4단을 뜬다.
5 실을 15㎝ 남기고 자른다.

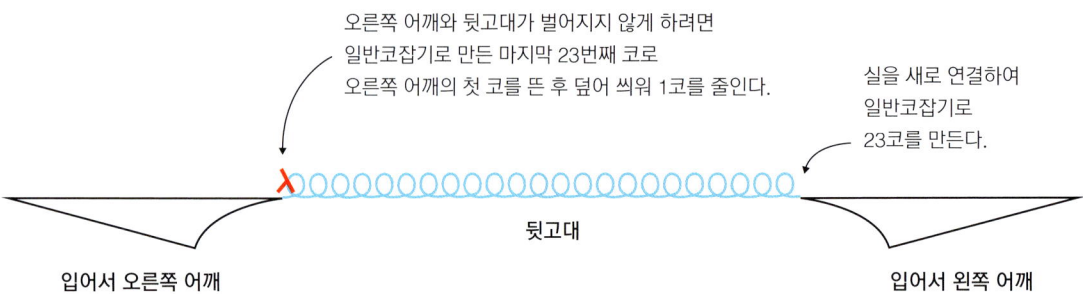

뒤판 양쪽 어깨가 이어져 있다.

앞판_ 입어서 오른쪽 어깨

1 5.5㎜ 대바늘과 필소프트 2겹으로 뒤판 오른쪽 어깨에서 18코를 줍는다.
2 안뜨기 1단.
3 겉뜨기 1단.
4 안뜨기 6코→되돌아뜨기.
5 1코를 안뜨기방향으로 빼고, 뜨던 실에 마커를 끼운다. 겉뜨기 5코.
6 안뜨기 6코→다음 코와 마커에 걸린 실을 함께 안뜨기→안뜨기 5코→되돌아뜨기.
7 1코를 안뜨기방향으로 빼고, 뜨던 실에 마커를 끼운다. 겉뜨기 11코.

8 안뜨기 12코→다음 코와 마커에 걸린 실을 함께 안뜨기→안뜨기 5코.

9 겉뜨기로 시작하여 메리야스뜨기 4단을 뜬다.

10 실을 15㎝ 남기고 자른다.

앞뒤판의 끝코가 반 코씩 밀리지 않게 하려면 일반코잡기로 잡은 코의 가운데서 코를 줍는다.

앞판 오른쪽 어깨가 이어져 있다.

앞판_ 입어서 왼쪽 어깨

1 5.5㎜ 대바늘과 필소프트 2겹으로 뒤판 왼쪽 어깨에서 18코를 줍는다.

2 안뜨기 1단.

3 겉뜨기 6코→되돌아뜨기.

4 1코를 안뜨기방향으로 빼고, 뜨던 실에 마커를 끼운다. 안뜨기 5코.

5 겉뜨기 6코→다음 코와 마커에 걸린 실을 함께 겉뜨기→ 겉뜨기 5코→되돌아뜨기.

6 1코를 안뜨기방향으로 빼고, 뜨던 실에 마커를 끼운다. 안뜨기 11코.

7 겉뜨기 12코→다음 코와 마커에 걸린 실을 함께 겉뜨기→ 겉뜨기 5코

8 안뜨기로 시작하여 메리야스뜨기 5단을 뜬다.

* 앞트임이 없는 풀오버(pullover)의 경우에는 입어서 왼쪽 어깨를 먼저 뜬 후 입어서 오른쪽 어깨를 뜬다.

앞판 양쪽 어깨가 이어져 있다.

STEP 3 진동 위쪽 몸판과 소매 뜨기

지금부터는 몸판과 소매를 같이 떠 내려간다.

뜨는 순서는,

입어서 왼쪽 앞판→입어서 왼쪽 소매→뒤판→입어서 오른쪽 소매→입어서 오른쪽 앞판.

소매 코줍기

1. 앞뒤 몸판 코를 80㎝ 바늘에 옮긴다.
2. **입어서 왼쪽 앞판**_ 겉뜨기 16코→오른코겹치기(앞판의 마지막코는 시접코이므로 오른코겹치기로 없앤다).
3. **입어서 왼쪽 소매 코줍기**_ 앞판 측면 8단에서 7코 줍기→뒤판 측면 8단에서 7코 줍기. 소매통의 1/6에 해당하는 소매산중심은 90%의 비율로 코를 줍는다.
   16단 × 0.9 = 14.4코 → 14코
4. **뒤판**_ 왼코겹치기(뒤판의 첫 코는 시접코이므로 왼코겹치기로 없앤다)→겉뜨기 60코→오른코겹치기(뒤판의 마지막코는 시접코이므로 오른코겹치기로 없앤다).
5. **입어서 오른쪽 소매 코줍기**_ 뒤판 측면 8단에서 7코 줍기→앞판 측면 8단에서 7코 줍기.
6. **입어서 오른쪽 앞판**_ 왼코겹치기(앞판의 첫 코는 시접코이므로 왼코겹치기로 없앤다)→겉뜨기 16코.

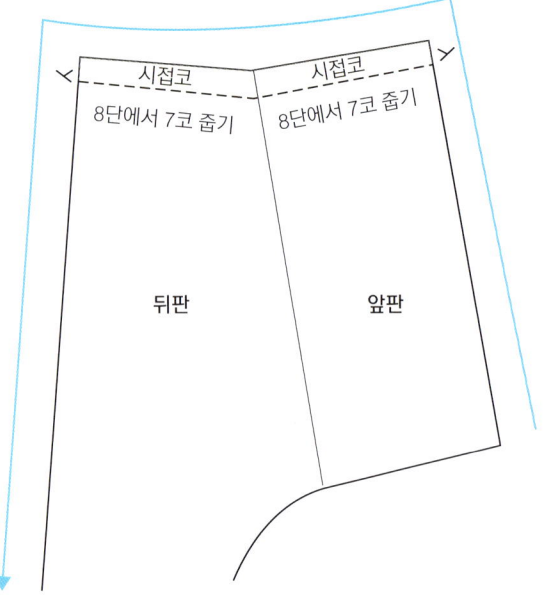

소매코를 다 주운 상태.

소매산중심 되돌아뜨기

1. 안뜨기 28코→되돌아뜨기.
2. 1코를 안뜨기방향으로 빼고, 뜨던 실에 마커를 끼운다. 겉뜨기 7코→되돌아뜨기.
3. 1코를 안뜨기방향으로 빼고, 뜨던 실에 마커를 끼운다.
   안뜨기 7코→다음 코와 마커에 걸린 실을 함께 안뜨기→안뜨기 75코→되돌아뜨기(되돌아뜨기 정리가 끝난 마커는 제거한다).
4. 1코를 안뜨기방향으로 빼고, 뜨던 실에 마커를 끼운다. 겉뜨기 7코→되돌아뜨기.
5. 1코를 안뜨기방향으로 빼고, 뜨던 실에 마커를 끼운다. 안뜨기 7코→다음 코와 마커에 걸린 실을 함께 안뜨기(되돌아뜨기 정리가 끝난 마커는 제거한다)→안뜨기 19코.

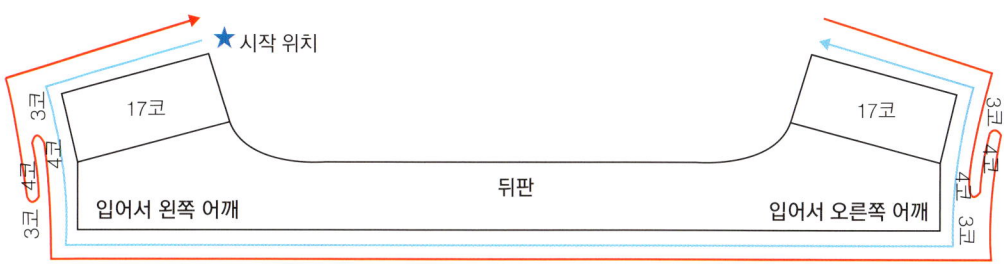

소매산중심 되돌아뜨기를 마친 상태.

소매 양쪽에 되돌아뜨기 1번씩은 아직 정리가 되지 않은 상태이다.
다음 단에서 목선 코늘림, 소매 코늘림, 소매산 되돌아뜨기 정리를 한다.

STEP 4 — 앞목선과 소매 코늘림

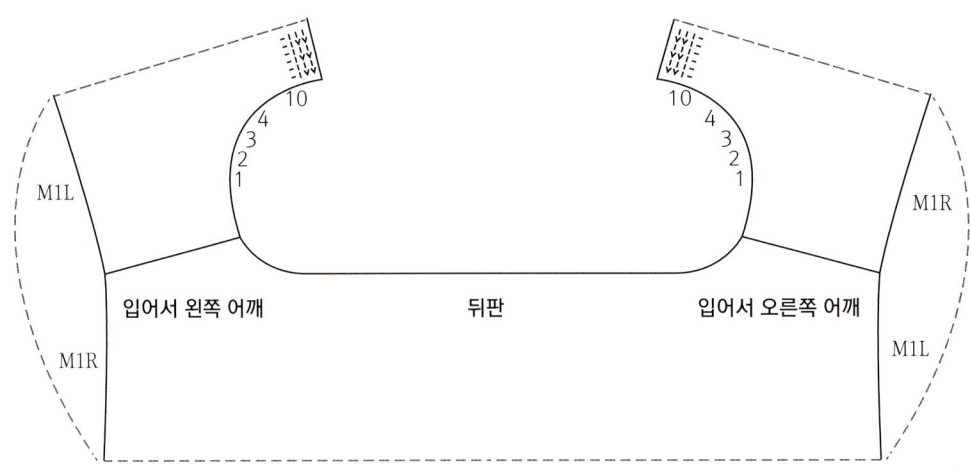

소매 코늘림과 앞여밈단 걸러뜨기

1번째 목선과 소매 코늘림

1. **입어서 왼쪽 목선 코늘림_** 일반코잡기로 코늘림을 하기 위해 별도의 작품실(약 90㎝)과 뜨던 실을 함께 잡는다. 일반코잡기로 1코를 만든다.
2. 겉뜨기 18코.
3. **입어서 왼쪽 소매 코늘림_** M1L*→겉뜨기 11코→다음 코와 마커에 걸린 실을 함께 겉뜨기(되돌아뜨기 정리가 끝난 마커는 제거한다)→겉뜨기 2코→M1R*.
4. 겉뜨기 62코.
5. **입어서 오른쪽 소매 코늘림_** M1L→겉뜨기 11코→다음 코와 마커에 걸린 실을 함께 겉뜨기(되돌아뜨기 정리가 끝난 마커는 제거한다)→겉뜨기 2코→M1R.
6. **입어서 왼쪽 목선 코늘림_** 겉뜨기 17코→별도의 작품실(약 90㎝)과 뜨던 실을 함께 잡는다.→일반코잡기로 1코를 만든다.
7. 안뜨기 1단.

* M1R, M1L은 p.30 참고.

새 실을 연결하고 일반 코잡기로 곡선 코늘림을 한다.

2~4번째 목선과 소매 코늘림

1 p.182 「1번째 목선과 소매 코늘림」의 **1~7**을 3번 더 반복한다.

단, 2번째 목선은 2코, 3번째는 3코, 4번째는 4코를 늘린다.

2 소매는 앞과 같은 방법으로 늘린다.

소매 콧수는 2단에 2코씩 늘어나게 된다.

3 바늘에 걸린 총 콧수는 앞판 27코+소매 22코+뒤판 62코+소매 22코+앞판 27코=160코.

5번째 목선과 소매 코늘림

1 별도의 작품실과 뜨던 실로 10코를 만든다.

앞목선 5코+여밈단 5코=10코

2 겉뜨기방향 걸러뜨기→안뜨기방향 걸러뜨기→겉뜨기 1코→안뜨기 1코→겉뜨기 33코→M1L→겉뜨기 22코→M1R→겉뜨기 62코→M1L→겉뜨기 22코→M1R→겉뜨기 27코→별도의 작품실과 뜨던 실로 10코를 만든다.

3 안뜨기방향 2코 걸러뜨기→안뜨기 1코→겉뜨기 1코→4코 남을 때까지 안뜨기→겉뜨기 1코→안뜨기 3코.

목선 코늘림이 끝났다.

이제 앞목과 앞여밈단의 코늘림은 끝났다.

여밈단의 걸러뜨기와 고무뜨기는 몸판이 끝날 때까지 계속한다.

2코 걸러뜨기는 앞단이 통통해 보이도록 한다.

걸러뜨기 다음의 고무뜨기는 여밈단이 안쪽으로 말리는 것을 방지한다.

지금부터는 소매코만 늘려가면서 어깨 끝선에서 36단이 될 때까지 뜬다.

STEP 5 몸판 진동곡선 늘림

지금부터는 몸판의 코를 늘려 진동곡선을 만든다.

앞판, 뒤판의 코늘림 횟수와 단수가 서로 다르므로 p.172~173을 참고한다. 코늘림을 할 때마다 마커로 표시한다.

진동곡선이 다 완성되고 몸판과 소매를 분리할 때까지 소매쪽 코는 계속 2단마다 늘린다. 이해하기 쉽게 소매의 좌우 코늘림을 「소매늘림」으로 표기한다.

37단_ 앞판→소매늘림→kfb*→겉뜨기 59코→kfb→겉뜨기 1코→소매늘림→앞판

38단_ 안뜨기 1단

39단_ 앞판→소매늘림→뒤판→소매늘림→앞판

40단_ 안뜨기 1단

41단_ 앞판 35코→kfb→겉뜨기 1코→소매늘림→kfb→겉뜨기 61코→kfb→겉뜨기 1코→소매늘림→kfb→앞판 36코

42단_ 안뜨기 1단

43단_ 앞판 36코→kfb→겉뜨기 1코→소매늘림→kfb→겉뜨기 63코→kfb→겉뜨기 1코→소매늘림→kfb→앞판 37코

44단_ 안뜨기 1단

45단_ 앞판 37코→kfb→겉뜨기 1코→소매늘림→kfb→겉뜨기 65코→kfb→겉뜨기 1코→소매늘림→kfb→앞판 38코

46단_ 앞판 38코→pfb*→안뜨기 1코→소매→뒤판→소매→pfb→앞판 39코

47단_ 앞판 39코→kfb→겉뜨기 1코→소매늘림→kfb→겉뜨기 67코→kfb→겉뜨기 1코→소매늘림→kfb→앞판 40코

48단_ 앞판 40코→pfb→안뜨기 1코→소매→pfb→안뜨기 69코→pfb→안뜨기 1코→소매→pfb→앞판 41코

* kfb, pfb는 p.176의 〈꼭 기억해야 할 POINT〉를 참고.
* 빨간색 글자=앞판부분
  초록색 글자=뒤판부분

소매 분리하기

이제는 몸판과 소매를 분리한다.

1. 앞뒤 몸판의 소매와 경계가 되는 끝코에 마커를 건다.
2. 앞판을 43코 뜬다.
3. 소매에 해당하는 54코를 버림실에 옮긴다.
4. 버림실로 겨드랑이콧수(8코)만큼 사슬코를 만든다.
5. 몸판에 연결된 실로 **4**의 사슬코의 뒷산에서 8코를 줍는다.
6. 뒤판 74코를 뜬다.
7. **3~5**를 1번 더 반복한다.
8. 앞판 43코를 뜬다.
9. 안뜨기 1단.
10. 겨드랑이 8코의 중심에 마커를 표시한다.
11. 앞판은 47코, 뒤판은 82코가 된다.

소매 분리가 끝났다.

| STEP 7 | 진동선에서 허리선까지 뜨기 |  |

지금까지 소매를 분리하면서 몸판 2단을 떴다.
6단을 더 뜨고 「가슴다트」를 떠보자.

입어서 왼쪽 가슴다트

1   9단(겉면)_ 앞판 43코→되돌아뜨기.
2   (안쪽면)_ 1코를 안뜨기방향으로 빼고, 뜨던 실에 마커를 끼운다. 앞판 42코.
3   (겉면)_ 앞판 39코→되돌아뜨기.
4   (안쪽면)_ 1코를 안뜨기방향으로 빼고, 뜨던 실에 마커를 끼운다. 앞판 38코.
5   (겉면)_ 앞판 35코→되돌아뜨기.
6   (안쪽면)_ 1코를 안뜨기방향으로 빼고, 뜨던 실에 마커를 끼운다. 앞판 34코.
7   (겉면)_ 앞판 31코→되돌아뜨기.
8   (안쪽면)_ 1코를 안뜨기방향으로 빼고, 뜨던 실에 마커를 끼운다. 앞판 30코.
9   (겉면)_ 4번을 되돌아떴으니 이번에는 정리단을 뜬다.
    앞판 31코→[다음 코와 마커에 걸린 실을 함께 겉뜨기→겉뜨기 3코]→[   ] 4회 반복→뒤판 82코→앞판 47코.

입어서 오른쪽 가슴다트

1   10단(안쪽면)_ 앞판 43코→되돌아뜨기.
2   (겉면)_ 1코를 안뜨기방향으로 빼고, 뜨던 실에 마커를 끼운다. 앞판 42코.
3   (안쪽면)_ 앞판 39코→되돌아뜨기.
4   (겉면)_ 1코를 안뜨기방향으로 빼고, 뜨던 실에 마커를 끼운다. 앞판 38코.
5   (안쪽면)_ 앞판 35코→되돌아뜨기.
6   (겉면)_ 1코를 안뜨기방향으로 빼고, 뜨던 실에 마커를 끼운다. 앞판 34코.
7   (안쪽면)_ 앞판 31코→되돌아뜨기.
8   (겉면)_ 1코를 안뜨기방향으로 빼고, 뜨던 실에 마커를 끼운다. 앞판 30코.
9   (안쪽면)_ 4번을 되돌아떴으니 이번에는 정리단을 뜬다.
    앞판 31코→[다음 코와 마커에 걸린 실을 함께 안뜨기→안뜨기 3코]→[   ] 4회 반복→뒤판 82코→앞판 47코.

가슴다트가 끝나면 진동 아래로 10단이 떠진 상태가 된다.

가슴다트가 끝났다. 앞판이 뒤판보다 8단 길어졌다.

이번에는 「뒷중심다트」와 「옆선 줄임」으로 자연스러운 허리라인을 만들어보자.
뒤판의 중심과 옆선을 마커로 표시한다.

뒷중심다트

1 뒷중심 마커의 왼쪽 2코를 왼코겹치기로, 마커의 오른쪽 2코를 오른코겹치기로 코줄임을 한다.
2 10단에 1번씩 총 3번 코줄임을 한다. 즉, 11단, 21단, 31단에서 코줄임을 한다.
3 36단까지 뜬다.

옆선 줄임

1 옆선 마커의 왼쪽 2코를 왼코겹치기로, 마커의 오른쪽 2코를 오른코겹치기로 코줄임을 한다.
2 16단에 1번씩 총 2번 코줄임을 한다. 즉, 17단, 33단에서 코줄임을 한다.
3 36단까지 뜬다.

허리선까지 완성되었다.
앞판 좌우 45코씩, 뒤판 72코로 바늘에 걸린 총 콧수는 162코.
다음은 페플럼을 뜰 차례이다.

뒷중심다트로 뒤허리선이 날씬해보이는 효과를 준다.

STEP 8

허리선에서 밑단까지 뜨기

페플럼 뜨기

p.172~173의 도안처럼 앞판, 뒤판의 옆선에서 7번째와 21번째의 코를 마커로 표시한다. 총 8개의 마커가 걸려 있다. 마커가 걸려 있는 코를 안뜨기로 뜬다.

1. 1단(겉면)_ 앞판 24코→안뜨기 1코→겉뜨기 13코→안뜨기 1코→겉뜨기 12코→안뜨기 1코→겉뜨기 13코→안뜨기 1코→겉뜨기 30코→안뜨기 1코→겉뜨기 13코→안뜨기 1코→겉뜨기 12코→안뜨기 1코→겉뜨기 13코→안뜨기 1코→앞판 24코.

2. 2, 3, 4단_ 바늘에 걸려 있는 대로 뜬다. 겉뜨기코는 겉뜨기로, 안뜨기코는 안뜨기로 뜬다.

3. 5단(겉면)_ 안뜨기코의 양옆에서 안뜨기로 코늘림을 한다. 1번 코늘림을 할 때마다 총 16코씩 늘어난다.

4. 지금부터는 8단에 1번씩 6번 코늘림을 한다.
   즉, 13단, 21단, 29단, 37단, 45단, 53단에서 코늘림을 한다.

5. 늘림이 없는 단은 바늘에 걸려 있는 대로 뜬다. 총 60단까지 뜬다.

페플럼 완성.

STEP 9 아이코드(I-cord) 마무리단 뜨기

밑단은 아이코드로 떠서 마무리한다.

1. 앞여밈단과 아이코드가 자연스럽게 연결되도록 밑단을 바늘에 걸린 모양대로 1단 더 뜬다. 실을 15㎝ 남기고 끊는다.
2. 입어서 왼쪽 앞여밈의 3코를 5.5㎜ 짧은 바늘에 안뜨기방향으로 옮긴다. 안쪽면이 보이도록 조직을 돌려 잡는다.
3. 실을 새로 연결하여 안뜨기 3코를 뜬다. 이 단이 모서리 돌아갈 분량이 된다.
4. 겉뜨기 2코→겉뜨기방향으로 걸러뜨기 1코→다음 2코를 왼코겹치기→걸러뜨기 1코로 덮어씌운다. →오른쪽 바늘을 반대방향으로 밀어준다.
5. 겉뜨기 2코→오른코겹치기→오른쪽 바늘을 반대방향으로 민다.
6. **5**번을 밑단에 5코가 남을 때까지 반복한다.
7. 겉뜨기 2코→겉뜨기방향으로 걸러뜨기 1코→다음 1코로 그 다음 1코를 덮어씌운다. →겉뜨기방향으로 걸러 뜬 코로 덮어씌운다. 왼쪽과 오른쪽 바늘에 각각 3코씩이 남아 있고, 오른쪽바늘을 반대방향으로 민다.
8. 겉뜨기 3코→실을 15㎝ 남기고 자른다.
9. 자른 실에 돗바늘을 끼워 3코를 메리야스잇기로 이어준다.

실이 왼쪽 끝으로 가도록 1단을 더 뜬다.

오른쪽끝 3코(여밈 3코)를 별도의 짧은 바늘에 안뜨기방향으로 옮긴다.

안쪽면이 겉으로 보이도록 놓고 새 실을 연결하여 안뜨기 3코를 뜬다.

앞면이 겉으로 보이도록 놓고 겉뜨기 2코를 뜬 다음 1코는 겉뜨기방향으로 뺀다.

다음 2코(안뜨기 1코, 겉뜨기 1코)를 왼코겹치기로 뜬다.

겉뜨기방향으로 뺀 코를 덮어씌운다.

바늘을 반대방향으로 민다.

겉뜨기 2코를 뜨고, 다음 코와 몸판 코를 오른코겹치기한다. 밑단에 5코 남을 때까지 반복한다.

겉뜨기 2코를 뜬 다음 1코는 겉뜨기방향으로 뺀다. 다음 2코(겉뜨기 1코, 안뜨기 1코)를 겹치고, 겉뜨기방향으로 뺀 코를 덮어씌운다.

왼쪽 앞여밈 3코와 아이코드 3코를 나란히 놓는다.

돗바늘을 이용하여 메리야스잇기를 한다.

아이코드 밑단 완성.

STEP 10 칼라

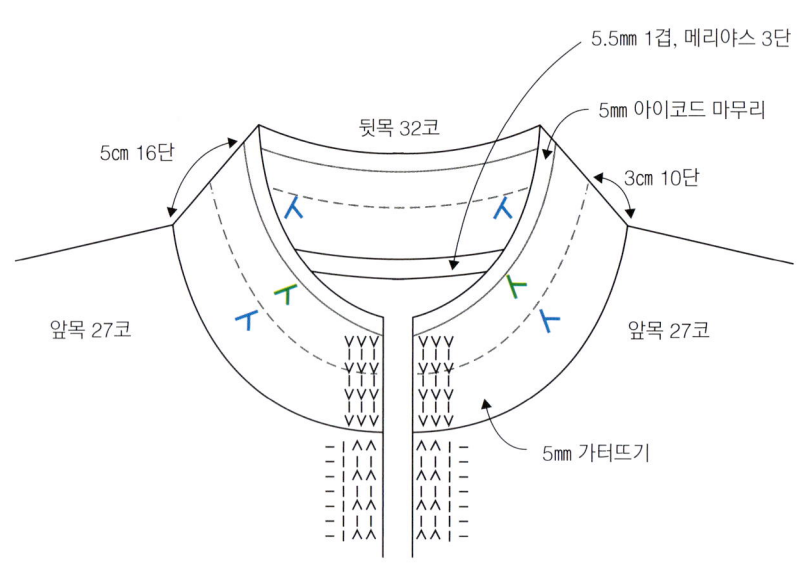

겉칼라 뜨기 1

1. 작품실에 얇은 버림실을 합사하여 5㎜ 대바늘로 목선에서 코를 줍는다.
   버림실은 칼라가 다 떠진 후에 제거한다.
   곡선늘림을 한 자리(2코 이상씩 늘린 자리)는 코마다 줍고, 1코씩 늘린 자리와 단평은 4단에서 3코를 줍는다.
   앞여밈의 안뜨기 1코는 줍지 않는다.
   입어서 오른쪽 앞목에서 시작하여 전체 목선의 코를 줍는다.
   앞목 27코+뒤목 32코+앞목 27코=86코, 즉 목둘레는 모두 86코.
   목선 마무리단의 양끝 3코씩은 걸러 뜬다.
2. 안뜨기방향 걸러뜨기 3코→겉뜨기 80코→안뜨기 3코.
3. 겉뜨기방향 걸러뜨기 1코→안뜨기방향 걸러뜨기 2코→겉뜨기 83코.
4. 안뜨기방향 걸러뜨기 3코→겉뜨기 80코→안뜨기 3코.

겉칼라 4단 완성.

칼라안단 뜨기

1 목선의 안쪽단을 뜨기 위해 조직을 돌려서 목선의 안쪽면이 보이게 놓는다.
   5.5㎜ 바늘과 작품실 1겹으로 앞목 마무리단의 걸러 뜬 3코씩을 빼고 나머지코를 모두 줍는다. 목선 부분이 두툼해지고 늘어나는 것을 방지하기 위해 1겹만 사용한다.
   버림실로 코 잡은 위치를 확인하면서 총 80코를 줍는다.
2 안뜨기 1단.
3 겉뜨기 1단→실을 15㎝ 남기고 자른다.

5.5㎜ 바늘과 작품실 1겹으로 앞목 마무리단의 걸러 뜬 3코씩을 빼고 나머지코를 모두 줍는다.

칼라 안단 완성.

겉칼라와 칼라안단 겹치기

겉칼라를 뜨던 바늘과 칼라안단을 뜨던 바늘을 함께 잡는다.

겉칼라의 양끝 걸러 뜬 코는 겉칼라만 뜨고, 나머지코는 칼라안단과 겹쳐서 같이 뜬다.

1. 겉뜨기방향 걸러뜨기 1코→안뜨기방향 걸러뜨기 2코→겉칼라 코와 칼라안단 코를 겹쳐서 겉뜨기 80코→겉칼라 코만 겉뜨기 3코.
2. 겉칼라와 칼라안단이 겹쳐졌다.

겉칼라와 안칼라를 겹쳐서 뜬다.

겉칼라 뜨기 2

1. 겉칼라를 뜨던 방식으로 겉칼라가 3㎝(10단)가 될 때까지 뜬다.
2. 겉칼라의 19, 20번째 코, 31, 32번째 코, 55, 56번째 코, 67, 68번째 코를 마커로 표시한다. 마커로 표시된 2코를 왼코겹치기로 같이 뜬다. 칼라 4코가 줄어든다.
3. 겉칼라를 뜨던 방식으로 겉칼라가 5㎝(16단)가 될 때까지 뜬다.
4. 겉칼라의 양끝 17, 18번째 코를 마커로 표시한다. 마커로 표시된 2코를 왼코겹치기로 같이 뜬다. 칼라 코가 2코 줄어든다.
5. 실을 15㎝ 남기고 자른다. 실끝이 입어서 왼쪽 칼라 끝에 있다.

아이코드로 칼라 끝선 마무리하기

1. 입어서 오른쪽 칼라의 3코를 5㎜ 짧은 바늘에 안뜨기방향으로 옮긴다. 안쪽면이 보이도록 조직을 돌려 잡는다.
2. 실을 새로 연결하여 안뜨기 3코를 뜬다. 이 단이 모서리 돌아갈 분량이 된다.
3. 겉뜨기 2코→오른코겹치기→오른쪽 바늘을 반대방향으로 민다.
4. **3**번을 칼라코가 3코 남을 때까지 반복한다. 왼쪽과 오른쪽 바늘에 각각 3코씩이 남아 있다. 오른쪽 바늘을 반대방향으로 민다
5. 겉뜨기 3코.
6. 실을 15㎝ 남기고 자른다.
7. 자른 실에 돗바늘을 끼워 3코를 메리야스잇기로 잇는다.
8. 목선에서 칼라코를 잡을 때 함께 썼던 버림실을 제거한다.

칼라 완성.

STEP 11

소매산아래 뜨기

소매배래 뜨기

1 버림실로 뜬 몸판 겨드랑이 8코의 사슬을 풀어 바늘에 옮긴다. 떠가는 방향이 반대이므로 양쪽 가장자리에 반 코가 생겨 걸어 올린 콧수는 9코가 된다.

2 쉼코로 두었던 소매 54코를 바늘에 옮긴다.

3 겨드랑이의 중심에 새 실을 연결하여 겉뜨기를 뜬다.

4 겨드랑이의 왼쪽끝 반 코는 소매 첫 코와 왼코겹치기로 같이 떠서 구멍이 생기는 것을 방지한다.

5 소매의 마지막코는 겨드랑이 오른쪽끝 반 코와 오른코겹치기로 떠서 구멍이 생기는 것을 방지한다. 결과적으로 겨드랑이 9코 중 좌우 반 코씩이 소매와 함께 떠서 없어지고 소매둘레콧수는 61코가 된다. 겨드랑이의 중심을 마커로 표시한다.

6 7단을 겉뜨기로 뜬다.

7 오른코겹치기→2코가 남을 때까지 겉뜨기→왼코겹치기. 코를 줄인 자리를 마커로 표시한다.

8 **6**, **7**을 6번 더 반복한다. 소매콧수는 47코가 된다.

9 소매기장이 56㎝가 될 때까지 39단을 겉뜨기로 뜬다.

커프스 뜨기

1 5.5㎜ 바늘을 5㎜로 바꾼다.

2 [안뜨기 1단→겉뜨기 1단]을 7번 반복한다.

3 안뜨기 1단. 실을 15㎝ 남기고 자른다.

4 버림실로 사슬 3코를 뜬다.

5 작품실과 5.5㎜ 짧은 바늘로 사슬의 뒷산에서 3코를 줍는다. 오른쪽 바늘을 반대방향으로 민다. 바늘이 5㎜에서 5.5㎜로 바뀐 것은 커프스의 끝이 좁아지지 않게 하려고 1호 큰 바늘을 사용했다.

6 겉뜨기 2코→겉뜨기방향으로 걸러뜨기→커프스의 1코를 겉뜨기로 뜬 후 걸러 뜬 코로 덮어씌운다.→오른쪽 바늘을 반대방향으로 민다.

7 커프스의 코가 다 없어질 때까지 **6**을 반복한다. 실을 15㎝ 남기고 자른다.

8 버림실로 뜬 사슬 3코를 풀어 바늘에 옮긴다.

9 자른 실에 돗바늘을 연결하여 메리야스잇기로 잇는다.

10 커프스를 접어 올린다.

커프스 완성.

STEP 12　핀턱라인 만들기

1. 4호 코바늘과 작품실 1겹으로 페플럼선의 오른쪽(그림의 파란선)을 허리선에서 밑단방향으로 반 코씩만 잡아 짧은뜨기를 한다.
2. 페플럼선의 왼쪽(그림의 빨간선)은 밑단에서 허리선쪽으로 반 코씩 잡아 짧은뜨기를 한다.
3. 페플럼이 끝나는 위치부터는 좌우 반 코씩을 안으로 이동하여 1코를 잡아 짧은뜨기를 한다. 옆선에 가까운 페플럼선은 직선으로 진동위치까지 짧은뜨기를 한다.
4. 중심에 가까운 페플럼선은 아래 그림처럼 진동선쪽으로 이동하면서 짧은뜨기를 한다. 짧은뜨기 17코→반 코 이동하여 짧은뜨기 11코→[반 코 이동하여 짧은뜨기 4코]×2회→[반 코 이동하여 짧은뜨기 2코]×3회→[반 코 이동하여 짧은뜨기 1코]×10회→1코씩 수평이동하면서 짧은뜨기 4코.

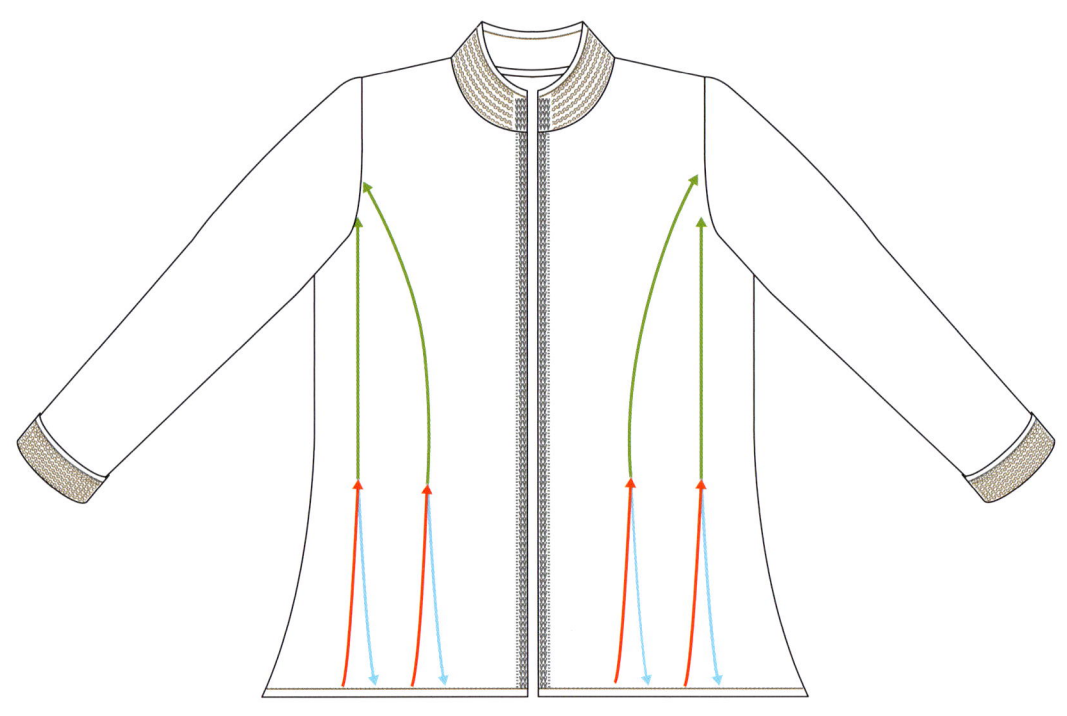

→ 페플럼 시작위치에서 밑단쪽으로 반 코만 잡아 짧은뜨기
→ 밑단에서 페플럼 시작위치까지 반 코만 잡아 짧은뜨기
→ 페플럼 시작위치에서 진동선까지 1코 잡아 짧은뜨기

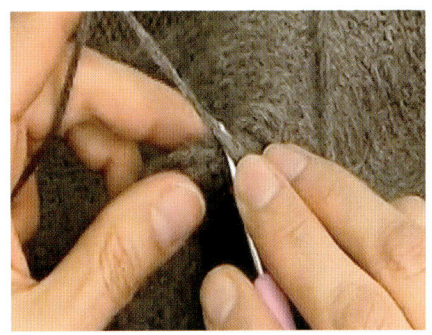
허리선에서 밑단방향으로 반 코씩 짧은뜨기한다.

밑단에서 허리선방향으로 반 코씩 짧은뜨기한다.

허리선에서 어깨방향으로 1코씩 짧은뜨기한다.

STEP 12 핀턱라인 만들기

톱다운 니팅(TOP-DOWN KNITTING)에 꼭 필요한 줄바늘

일반적으로 가장 많이 사용하는 줄바늘의 길이는 바늘길이 13㎝, 줄길이 54㎝이다. 톱다운 니팅은 시접 없이 환편으로 뜨기 때문에 일반적인 뜨개를 할 때와는 달리 다양한 길이의 줄바늘이 필요하다.

쇼트팁(Short-Tip)

바늘과 줄의 길이가 짧은 바늘이다. 목둘레, 소매둘레와 같은 작은 환편뜨기를 할 때 주로 사용한다. 물론 80㎝의 기본 바늘로도 환편뜨기를 할 수는 있다. 그렇지만 쇼트팁이 있다면 환편뜨기의 속도가 2배 이상 빨라지고, 조직도 훨씬 단정해진다. 실용적으로 사용할 수 있는 쇼트팁을 소개한다.

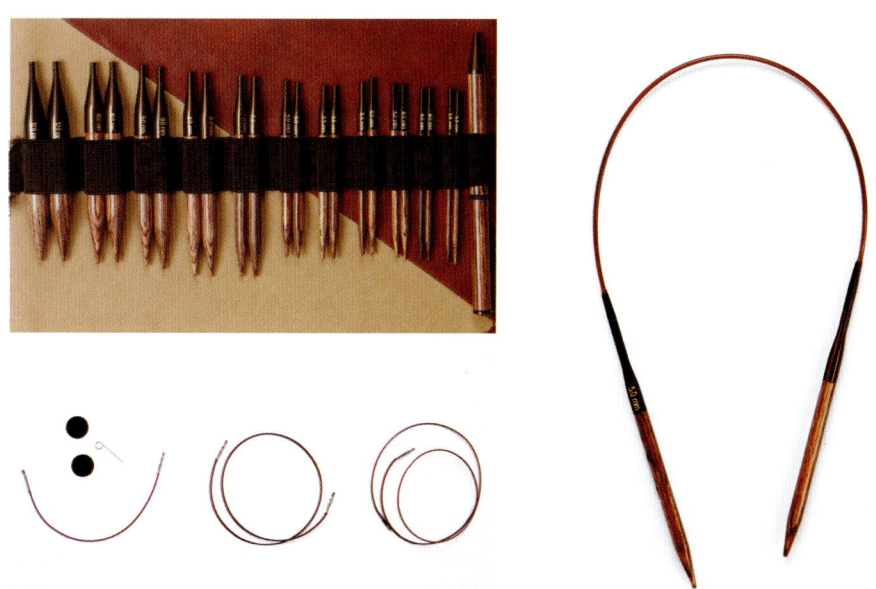

「KnitPro」사의 제품으로 바늘길이 10㎝, 줄길이 20㎝, 28㎝ 등이다.
바늘과 줄을 조립하여 사용한다. 국내에서 구입할 수 있고 60㎝, 80㎝, 100㎝, 120㎝, 150㎝ 길이의 줄을 별도로 구매하여 필요에 따라 다양한 길이의 줄로 바꾸어 사용할 수 있다는 것이 장점이다.
목둘레와 몸통을 뜰 때 주로 사용한다. 최대콧수까지 늘려야 할 때는 길이가 긴 줄을 사용해야 편리하다.

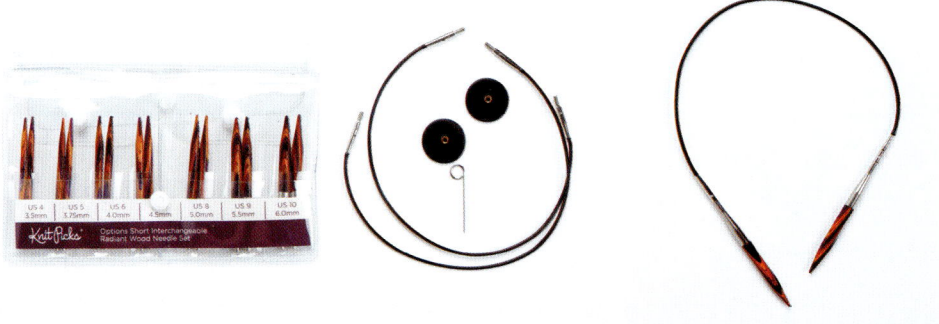

「KnitPicks」사의 제품으로 바늘길이 8.5㎝, 줄길이는 23㎝이다.
목둘레와 소매를 뜰 때 주로 사용한다. 「KnitPro」사의 줄과도 호환이 가능하다.
아직 국내에 수입되지 않아서 직접 해외구매를 해야 한다.

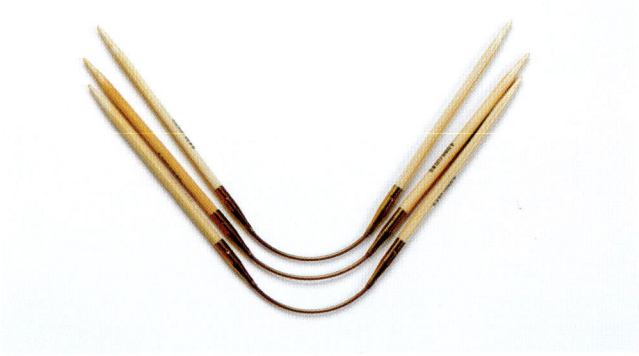

「addi」사의 제품으로 3개의 바늘이 1세트이다. 바늘길이 9.5㎝, 줄길이 4.5㎝이다.
아기옷의 소매처럼 둘레가 아주 작은 부분을 뜰 때 사용한다.

샘플 작업에 사용한 실과 부자재

SAMPLE 1 래글런 스타일_ 반소매 스웨터

실_ PHIL COTON 3(PHILDAR) 크림색 50g 6볼

바늘_ 3.5mm 줄바늘(40cm/80cm/100cm), 3.5mm 짧은 막대바늘 2개

게이지_ 3.5mm 메리야스뜨기 10cm² 24코, 34단

SAMPLE 2 래글런 스타일_ V넥 스웨터

실_ HIGH-CLASS(LANA GATTO) 흰색 50g 1볼, 민트 50g 2볼, 페일그린 50g 6볼, 에메랄드그린 50g 6볼

바늘_ 4.5mm 줄바늘(40cm/80cm/100cm), 4mm 줄바늘(40cm/80cm)

게이지_ 4.5mm 실2겹 메리야스뜨기 10cm² 19.5코, 28단

SAMPLE 3 요크 스타일_ 가로패턴무늬 스웨터

실_ PHIL SOFT+(PHILDAR) 라이트베이지 25g 12볼

바늘_ 4mm, 3.5mm 줄바늘(40cm/80cm/100cm)

게이지_ 4mm 메리야스뜨기 10cm² 24코, 34단

부자재_ 9mm 싸개스냅단추 6세트, 10mm 단추 10개

SAMPLE 4 요크 스타일_ 세로배색무늬 스웨터

실_ PHIL SOFT+(PHILDAR) 라이트그레이 25g 8볼, 민트 25g 1볼
바늘_ 4mm 줄바늘(40cm/80cm/100cm) 3.5mm줄바늘(40cm/80cm), 2.5mm 줄바늘(40cm)
게이지_ 4mm 메리야스뜨기 10cm² 24코, 34단

SAMPLE 5 세트인 슬리브_ 보디 퍼스트 세트인 슬리브 라운드 자켓

실_ ITALIAN TWEED(LANG) 연회색 50g 8볼
바늘_ 4.5mm 줄바늘(40cm/80cm/100cm)
게이지_ 4.5mm 메리야스뜨기 10cm² 17코, 25단
부자재_ 실크접착심지 흰색 45cm(0.5마), 장식용 브레이드 270cm(3마), 걸고리 5세트

SAMPLE 6 세트인 슬리브_ 몸판과 소매를 동시에 뜨는 페플럼 자켓

실_ PHIL SOFT+(PHILDAR) 포토그레이 25g 23볼
바늘_ 5.5mm 줄바늘(40cm/80cm/100cm), 5.5mm 짧은 막대바늘 2개
게이지_ 5.5mm 실2겹 메리야스뜨기 10cm² 17코, 24단
부자재_ 18mm 싸개스냅단추 1세트

Knit Designer 한 미 란

대학에서 의상학을 전공하고, 여성복 디자이너로 근무하였다.
니트대전에서 은상을 수상하였고, 한국경제TV 〈아름다운사람들〉,
KBS 〈무엇이든 물어보세요〉 등 핸드니트 디자이너로 여러 프로그램에 출연했다.
2011년 서울에서 개최한 제8회 국제장애인기능올림픽대회
니트부분 심사위원이었으며, 현재 사단법인 한국손뜨개협회 이사이다.
신한대학교에서 니트디자인을 가르치고 있으며,
〈한미란의 바늘이야기(천호점)〉을 운영하면서
핸드니트 강사로 디자이너 과정 등을 강의하고 있다.
저서로는 『내 아이를 위한 아주 특별한 손뜨개43(부록 한 권으로 끝나는 손뜨개 사전)』,
『한미란의 니트 교실_대바늘 뜨기』, 『한미란의 니트 교실_코바늘 뜨기』,
『한미란의 니트 교실_거꾸로 뜨는 톱다운 니팅』, 『한미란의 니트 교실_거꾸로 뜨는 톱다운 아이옷』 등이 있다.

강의 안내
인스타그램 hanmiran_ knitclass
재료 패키지 구입과 강의 문의
카카오톡 ID knitclass

한미란의 니트 교실
거꾸로 뜨는 톱다운 니팅

펴낸이 유재영
펴낸곳 그린홈
지은이 한미란

기획·책임편집 이화진
사진 한정선
디자인 임수미

1판 1쇄 2019년 10월 10일
1판 4쇄 2022년 9월 30일

출판등록 1987년 11월 27일 제10-149
주소 04083 서울 마포구 토정로 53(합정동)
전화 324-6130, 324-6131
팩스 324-6135

E-메일 dhsbook@hanmail.net
홈페이지 www.donghaksa.co.kr / www.green-home.co.kr
페이스북 www.facebook.com/greenhomecook

ISBN 978-89-7190-688-0 13590

• 이 책은 실로 꿰맨 사철제본으로 튼튼합니다.
• 잘못된 책은 구매처에서 교환하시고, 출판사 교환이 필요할 경우에는 사유를 적어 도서와 함께 위의 주소로 보내주세요.
• 이 책은 저작권법에 따라 보호를 받는 저작물이므로 무단 전재나 복제, 광전자매체 수록 등을 금합니다.
• 이 책의 내용과 사진, 그림의 저작권 문의는 그린홈으로 연락 바랍니다.